中国田野考古报告集
考古学专刊　乙种第五十三号
西安市文物保护考古研究丛书

灈丘陶文

中国社会科学院考古研究所
西安市文物保护考古研究院　编

上海书画出版社

本书

获中国社会科学院优势学科汉唐考古"登峰战略"资助计划（DF2023YS14）资助

为国家社会科学基金重大项目"秦汉三辅地区建筑研究与复原"（18ZDA181）

国家社会科学基金项目"秦与西汉都城研究"（22VRC077）的阶段性成果

前　言

一　东马坊遗址

东马坊遗址，因位于陕西省西咸新区沣西新城高桥街道东马坊村西侧而得名。遗址向东距沣河约3千米，向北距渭河约6.5千米，向东9.5千米为秦阿房宫遗址，向南0.9千米左右为沙河河道。（图1）

据20世纪30年代初西京筹备委员会测绘图，在东马坊村西侧，有一南北长、东西窄的纵条形状高地（即夯土台基）。从图中台基周围等高线的闭合情况看，台基周围特别是在台基西部，是一东西约250米、南北约160米的台地。（图2）据魏效祖先生介绍，在1957年开展文物调查后，该遗址被判定为汉代遗存。

从1968年美国卫星照片看，东马坊遗址可见一处东西长60米、南北宽40米长方形高台。在高台西北分布有五处大小不等的建筑台基，位于上述西京筹备委员会所实测地图中台基西侧台地之内。其中最大一处遗址为近方形，距现存台基西北160米左右，东西95米、南北98米，面积约8600平方米。台基西北侧的这些诸多遗迹，与现存台基共同组成一个庞大的建筑群。不过在1975年陕西省革委会测绘的万分之一地图中，位于台基西侧的诸多台基已不存，前述大型建筑台基也残存东半。

1982年，西安市文物局魏效祖先生对东马坊遗址开展考古调查。1986年发表的调查报告，介绍建筑台基东西长50米、南北宽32米、高7.6米，并指出在台基的顶部中间尚保留一高2米左右的土柱，"是原来夯台的未动部分，由此幸可计知台的高度"。此外，"据群众讲，台的北面，原是个倾斜度不大的漫坡地，伸出台外约30米，平整土地时被挖掉了，当时曾在这里挖出大量的瓦片、烧土和夯土，还有瓦当、五角形陶水道管、圆形陶井圈等"，专家据此判断其为战国晚期建筑。[1]

2008年，在第三次全国文物普查中，西安市文物局组织专家对该遗址调查。测量夯土台基东西47米、南北31米、高约6米。调查者判断遗址上部为瓦片堆积，下部为夯土台基。其中下部夯土台基高约3.7米，上部瓦片堆积厚约2.55米，夹杂大量绳纹瓦片及红烧土，瓦片堆积丰富。而下部夯土则较为致密，夯层厚约6.5—8厘米。此外，从夯土台基南侧可以见到3个柱础镶嵌于夯土台面与瓦片堆积之间，均为不规则扁平状石块。在台基南侧的空地上还置有一块从台基中挖出的石块，体形较大，长1.1米、宽1米、高0.28米，从形制看应为柱础。（图3）

2011年，由中国社会科学院考古研究所、西安市文物保护考古研究所组成的阿房宫与上林苑考古队，在开展秦汉上林苑遗址调查的过程中，对东马坊遗址进行了专门调查和勘探。经测量建筑台基存东西45米、南北23米、残高5.88米。从东马坊遗址采

图1 东马坊遗址位置图

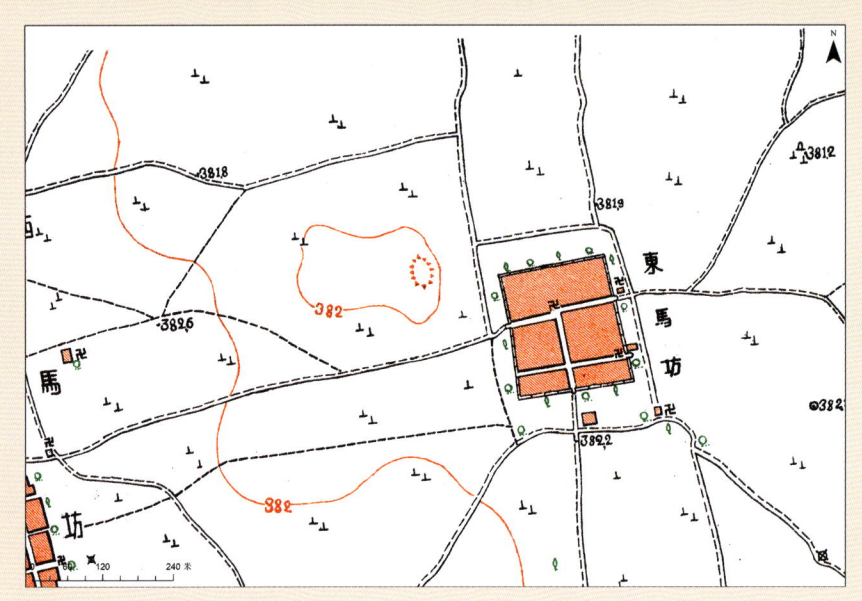

图2 1933年测绘图中的东马坊遗址

图3 东马坊遗址上保存的建筑台基（2008年，南—北）

台基西北400米左右的瓦砾堆积 　　　　　　台基西北450米左右的建筑础石

台基西侧500米左右的半瓦当 　　　　　　　台基西侧800米左右西马坊村征集瓦当

图4　2012年东马坊遗址西侧调查

集遗物看，有表面细交错绳纹板瓦，及表面细绳纹内面麻点纹、有泥条盘筑痕迹的筒瓦，与上林苑一号遗址等出土遗物特征相同，表明建筑的始建时代应与上林苑一号遗址相近，均为战国时期。此外从遗址出土表面中粗交错绳纹、内素面，表面中粗交错绳纹、内面局部饰中粗斜绳纹板瓦等具有明显汉代特征的遗物看，该遗址建筑延续使用到汉代，在汉代进行过一定程度的维修或扩建。

在2012年继续开展的考古调查中，阿房宫与上林苑考古队获知，在东马坊村西建筑台基向西，一直到约800米外的西马坊村之间的田地

图5　2012年发现的"大匠"陶文

中，之前多见筒瓦、板瓦、瓦当、砖块等战国、汉代建筑材料。在调查中，确实发现了建筑瓦砾堆积、柱础等遗物。（图4）李毓芳先生从西马坊村民家中更征集到多枚瓦当，其中1枚带当筒瓦上有"大匠"陶文（图5）。

据《汉书·百官公卿表》："将作少府，秦官，掌治宫室，有两丞、左右中候。景帝中六年更名将作大匠。"[2]大匠是秦汉九卿之一，负责宫室营造，城郭、陵邑修建。而据《后汉书·百官志》，大匠还"掌修作宗庙、路寝、陵园土木之功，并树桐梓之类列于道侧"[3]。从以往的考古发现看，在诸如秦咸阳宫遗址、秦始皇陵遗址、秦阿房宫遗址、汉长安城遗址等国家最高等级的都城和陵墓中,均发现"大匠"陶文。因此从该遗址出土"大匠"陶文判断,遗址应存在较大范围的高等级建筑。

从东马坊遗址位于文献所载的秦汉上林苑中位置,专家判断其是一座战国秦到汉代的渭南上林苑中由"大匠"营建的重要宫室。此次调查之后,考古队将其命名为"上林苑十号遗址",相关资料公布于《秦汉上林苑:2004—2012年考古报告》[4]。

二 东马坊遗址考古

2016年5月,为配合秦皇大道建设,西安市文物保护考古研究院受西安市文物局指派和陕西省西咸新区沣西新城开发建设(集团)有限公司委托,对秦皇大道项目用地开展考古勘探。经国家文物局批准,2018年秋冬由中国社会科学院考古研究所与西安市文物保护考古研究院联合组建的阿房宫与上林苑考古队,开展了陕西省西咸新区沣西新城开发建设(集团)有限公司秦皇大道项目(东马坊村西)基建项目中的考古发掘工作,在拟施工范围内先后确定夯土建筑基址3处、水井23口、灶15座、灰坑73处。

在完成发掘区遗迹清理后,考古队以现存夯土台基为中心展开大范围考古勘探,初步确定遗址外围有基本连续的水面遗存,之内的范围东西约900米、南北约690米,内面积约57万平方米。同时在一号建筑西侧勘探发现较大面积的夯土台基,与20世纪60年代美国卫星照片显示的遗存分布情况大体一致。

为进一步确定东马坊遗址范围、确定秦皇大道以西区域内古代遗存的分布情况,受陕西省沣西新城管理委员会委托,2019年初阿房宫与上林苑考古队对秦皇大道以西区域开展考古勘探,在勘探的18万余平方米范围内,先后确定墙基1条、水面3处、夯土台基10处、灰坑71个、道路6条、井4口、灶1个、沟1条、墓葬2座、淤土坑9个等,基本明确了前期勘探发现的遗址西侧、南侧壕沟的具体走向和位置。

从勘探情况看,在壕沟之外的勘探区域内极少发现古代遗存;遗址西、南水面的内、外缘均不规整。遗址北侧分布的水面甚为宽阔,勘探中发现淤泥大面积地向北呈舌状延伸,南北长在667米以上,遗址北侧水面的南缘较为清晰且略规整,但北侧外缘呈不规整分布。通过勘探确定的遗址周围发现的壕沟和水面,大体可暂视为遗址的边界外缘。在北水面的南侧勘探发现一条东西向夯土墙基,在其近西端发现南北向夯土墙基。北侧的东西向墙体距其北侧的水面南缘约5—10米,西侧的南北向墙体距其西侧的壕沟东沿约12米。

在完成秦皇大道以西区域的勘探工作后,陕西省沣西新城管委会、沣西新城规划文物局高度重视,在获得国家文物局批准后,阿房宫与上林苑考古队根据勘探信息布设探沟,逐步确定遗址北侧、西侧、南侧的具体位置。发掘确定,遗址西侧壕沟沟口宽14.3—15.4米、底宽7.6—8.5米、深1.2—1.4米;南侧壕沟沟口宽18.2—20.1米、底宽15.6—17.1米、深1.55—2.4米左右;北侧存在大面积水面;西侧壕沟向北延伸入该

图6 东马坊遗址出土"灋丘 公"陶文

水面之中。以北侧水面南缘和南侧壕沟北缘测量,遗址南北宽约251—264米。由于东马坊遗址东侧已被东马坊村所叠压,目前暂无法通过考古勘探来确定遗址的准确范围。

在遗址发掘中,清理出土大量板瓦、筒瓦、瓦当、空心砖等各类建筑材料,其中板瓦、筒瓦的纹饰多为外细绳纹内麻点纹,还有一定数量的外中粗绳纹内布纹,瓦当以葵纹、涡纹为多,云纹较少,同时还出土了动物纹、饕餮纹、花瓣纹等纹饰瓦当。从关中秦汉建筑的既有发掘认识看,该遗址现发掘遗存的时代大体始于战国中期,沿用至西汉时期。结合之前考古队开展工作的秦汉栎阳城遗址出土建筑材料看,东马坊遗址未发现槽型板瓦,其始建时间应略晚于栎阳城遗址,但明显早于秦咸阳宫遗址,是已发现的秦人在渭河以南的一处大型宫殿建筑。从发掘区内大量水井的发现判断,该遗址使用时间较长。

在遗址清理中出土的1件陶罐肩部有"灋丘 公"三个刻划文字(图6)。"灋"为"法"字古文。《睡虎地秦墓竹简》中有"灋丘"[5],《秦汉南北朝官印征存》有"灋丘左尉"[6]印,金文"勿灋朕命"[7]中的"灋"字即为"废"。

据文献记载,"灋丘"即"废丘",是文献中项羽所封三秦之一的雍王章邯的都城。到汉代将废丘改名为槐里,《汉书·地理志》载"槐里,周曰犬丘,懿王都之。秦更名废丘。高祖三年更名"[8],但据周勃、灌婴等将领传记,槐里与废丘是同时存在的两个地点(详后)。

根据出土文字、遗物和相关地理环境信息、文献记载，东马坊遗址在秦末汉初的楚汉相争之际为项羽所封雍王章邯所都废丘。在章邯为都之前是战国中期开始建设的一处秦人的高等级建筑，进入汉代后被纳入上林苑中，成为上林苑中一处重要宫观。

三 㴑丘、废丘与槐里

废丘是文献中项羽所封三秦之一的雍王章邯之都，《史记·项羽本纪》载：

> 三分关中，王秦降将以距塞汉王。项王乃立章邯为雍王，王咸阳以西，都废丘。长史欣者，故为栎阳狱掾，尝有德于项梁；都尉董翳者，本劝章邯降楚。故立司马欣为塞王，王咸阳以东至河，都栎阳；立董翳为翟王，王上郡，都高奴。[9]

《史记·高祖本纪》《汉书·高帝纪》记载近同："三分关中，立秦三将。章邯为雍王，都废丘；司马欣为塞王，都栎阳；董翳为翟王，都高奴。"[10]

（一）废丘与槐里

文献中废丘与槐里的关系，有两种意见。

1. 槐里与废丘为一地

该意见在文献中为主流。正史地理志对此记载甚多，如《汉书·地理志》载："槐里，周曰犬丘，懿王都之。秦更名废丘。高祖三年更名。有黄山宫，孝惠二年起，莽曰槐治。"[11]《续汉书·郡国志》《晋书·地理志》近同。类似记载还见《通典》卷173："金城周曰犬丘，秦曰废丘。项羽封章邯为王，都于此。汉高帝改名槐里。"[12]《太平御览》卷155引《帝王世纪》："至懿王徙犬丘，秦谓之废丘，今京兆槐里是也。""玄孙庄公徙废丘，周懿王之所都，今槐里是也。"[13]

在现存的《史记》《汉书》注释中，也有类似记述。如《史记·外戚世家》"王太后，槐里人"下注释：

> 《索隐》：《地理志》右扶风槐里，本名废丘。《正义》：《括地志》云："犬丘故城一名槐里，亦曰废丘，城在雍州始平县东南十里也。"[14]

《史记·绛侯周勃世家》"围章邯废丘"下注释：

> 《索隐》：《地理志》："槐里，周曰犬丘，懿王都之，秦更名废丘，高祖三年更名槐里。"而此云槐里者，据后而书之。又云废丘者，以章邯本都废丘而亡，亦据旧书之。[15]

《史记·曹相国世家》"参以将军引兵围章邯于废丘"下注：

> 《正义》：周曰犬丘，秦更名废丘，汉更名槐里，今故城在雍州始平县东南十里。[16]

《史记·周本纪》"共王崩，子懿王囏立。懿王之时，王室遂衰，诗人作刺"注：

> 《索隐》：宋忠曰："懿王自镐徙都犬丘，一曰废丘，今槐里是也。时王室衰，始作诗也。"[17]

《史记·秦本纪》"非子居犬丘"注：

> 徐广曰："今槐里也。"《正义》：《括地志》云："犬丘故城一名槐里，亦曰废丘，在雍州始平县东南十里。《地理志》云扶风槐里县，周曰犬丘，懿王都之，秦更名废丘，高祖三年更名槐里也。"[18]

《史记·项羽本纪》"乃立章邯为雍王，王咸阳以西，都废丘"注：

> 《索隐》，孟康曰："县名。今槐里是也。"韦昭曰："周时名犬丘，懿王所都，秦欲废之，故曰废丘。"《正义》：《括地志》云："犬丘故城一名废丘，故城在雍州始平县东南十里。《地理志》云汉高二年，引水灌废丘，章邯自杀，更废丘曰槐里。"[19]

《汉书·高帝纪》"章邯为雍王，都废丘"注：

> 孟康曰："县名，今槐里是。"韦昭曰："即周时犬丘，懿王所都，秦欲废之，更名废丘。"[20]

此外后代志家亦多此说。如宋程大昌《雍录》卷一"五代都雍总论"讲：

> 又东迳槐里县，南即周懿王所都也。古名犬丘，则为畜牧之地耳。至秦，改名废丘，以示周世不复兴也。项羽所立三秦，此为雍王章邯之国也。废丘对东，则涝水自此入渭矣。而秦之上林，包涝水而对废丘。故《水经》谓为上林故地也。其曰故者，秦旧也，以别于汉武之所广也。渭又东则受沣水。沣旁即周文王所都也。又东北行，则汉便门桥横亘其上。此时渭方自西南来，未全折东，故便门桥得以横绝而径达兴平也。[21]

元骆天骧《类编长安志》卷一载：

> 兴平县，按《周旧图》，本周犬丘之地。《帝王世纪》曰："周懿王二年。王室大衰，自镐徙都犬丘"。秦名废丘。项羽封章邯为雍王，都废丘。高帝七年，改为槐里。景龙四年，金城公主降吐蕃，中宗送至此县，改为金城，徙马嵬故城。至德初，置兴平军。二载，改为兴平县。[22]

《类编长安志》卷七载：

> 樊哙城，在兴平县南一十里，崇二丈。《西京记》曰："汉王袭雍，章邯败走废丘城。命将军樊哙围之，于城西筑台以望之。"今县西南有武延台，疑是焉。人呼为樊哙城。[23]

> 废丘，本周犬丘之地。《帝王世纪》："周懿王二年，王室大衰，自镐迁都于犬丘。"秦名废丘。项羽灭秦，封章邯为雍王，都废丘。高帝三年，改为槐里县。唐至德初，改为兴平。[24]

《史记索隐》为唐司马贞著，《史记正义》为唐张守节著。司马贞（679—732）开元中官至朝散大夫，弘文馆学士，主管编纂、撰书和起草诏令等。张守节生卒年、生平事迹不详，《上〈史记正义〉序》有"守节涉学三十余年"[25]语，序写于唐玄宗开元二十四年（736），上溯其作大体当在武则天时期。显然，在为《史记》《汉书》做注的唐人认识中，废丘即为槐里。

2. 废丘与槐里为二地

在《史记》《汉书》文献的一些章节中，废丘与槐里并列，主要集中见于秦末汉初参与废丘之战的三位将领传记。

(1) 曹参

《史记·曹相国世家》：

> 从还定三秦，初攻下辨、故道、雍、斄。击章平军于好畤南，破之，围好畤，取壤乡。击三秦军壤东及高栎，破之。复围章平，章平出好畤走。因击赵贲、内史保军，破之。东取咸阳，更名曰新城。参将兵守景陵二十日，三秦使章平等攻参，参出击，大破之。赐食邑于宁秦。参以将军引兵围章邯于废丘。以中尉从汉王出临晋关……[26]

《汉书·曹参传》：

> 从还定三秦，攻下辨、故道、雍、斄。击章平军于好畤南，破之，围好畤，取壤乡。击三秦军壤东及高栎，破之。复围章平，平出好畤走。因击赵贲、内史保军，破之。东取咸阳，更名曰新城。参将兵守景陵二十三日，三秦使章平等攻参，参出击，大破之。赐食邑于宁秦。以将军引兵围章邯于废丘。以中尉从汉王出临晋关……[27]

(2) 周勃

《史记·绛侯周勃世家》：

> 还定三秦，至秦，赐食邑怀德。攻槐里、好畤，最。击赵贲、内史保于咸阳，最。北攻漆。击章平、姚卬军。西定汧。还下郿、频阳。围章邯废丘。破西丞。击盗巴军，破之。攻上邽。东守峣关。转击项籍。[28]

《汉书·周勃传》：

> 还定三秦，赐食邑怀德。攻槐里、好畤，最。北击赵贲、内史保于咸阳，最。北救漆。击章平、姚卬军。西定汧。还下郿、频阳。围章邯废丘，破之。西击益已军，破之。攻上邽。东守峣关。击项籍。[29]

(3) 樊哙

《史记·樊哙传》：

> 还定三秦，别击西丞白水北、雍轻车骑于雍南，破之。从攻雍、斄城，先登。击章平军好畤，攻城，先登陷阵，斩县令丞各一人，首十一级，虏二十人，迁郎中骑将。从击秦车骑壤东，却敌，迁为将军。攻赵贲，下郿、槐里、柳中、咸阳；灌废丘，最。至栎阳，赐食邑杜之樊乡。[30]

《汉书·樊哙传》近同：

> 还定三秦，别击西丞白水北，(拥)[雍]轻车骑雍南，破之。从攻雍、斄城，先

登。击章平军好畤，攻城，先登陷阵，斩县令丞各一人，首十一级，虏二十人，迁为郎中骑将。从击秦车骑壤东，却敌，迁为将军。攻赵贲，下郿、槐里、柳中、咸阳；灌废丘，最。至栎阳，赐食邑杜之樊乡。[31]

三人传中，围攻废丘的曹参传虽未提槐里，但其内容可与后二人传相互印证。

有关废丘之战的描述，其他文献较为简略。如《史记·高祖本纪》：

> 八月，汉王用韩信之计，从故道还，袭雍王章邯。邯迎击汉陈仓，雍兵败，还走；止战好畤，又复败，走废丘。汉王遂定雍地。东至咸阳，引兵围雍王废丘，而遣诸将略定陇西、北地、上郡……汉王之败彭城而西，行使人求家室，家室亦亡，不相得。败后乃独得孝惠，六月，立为太子，大赦罪人。令太子守栎阳，诸侯子在关中者皆集栎阳为卫。引水灌废丘，废丘降，章邯自杀。更名废丘为槐里。[32]

《汉书·高帝纪》与上近同：

> 五月，汉王引兵从故道出袭雍。雍王邯迎击汉陈仓，雍兵败，还走；战好畤，又大败，走废丘。汉王遂定雍地。东如咸阳，引兵围雍王废丘，而遣诸将略地……
>
> 六月，汉王还栎阳。壬午，立太子，赦罪人。令诸侯子在关中者皆集栎阳为卫。引水灌废丘，废丘降，章邯自杀。雍地定，八十余县，置河上、渭南、中地、陇西、上郡。[33]

《汉书·灌婴传》与此类似：

> 沛公为汉王，拜婴为郎中，从入汉中，十月，拜为中谒者。从还定三秦，下栎阳，降塞王。还围章邯废丘，未拔。从东出临晋关，击降殷王，定其地。[34]

此外《史记·高祖功臣侯者年表》有高陵侯，"以骑司马汉王元年从起废丘"[35]。（《汉书·高惠高后文功臣表》作"高陵圉侯王虞人"，"以骑司马汉王元年从起废丘"[36]。）《史记·高祖功臣侯者年表》有戚侯，"以都尉汉二年初起栎阳，攻废丘，破之"[37]。（《汉书·高惠高后文功臣表》作"戚圉侯季必"，"以骑都尉汉二年初起栎阳，攻破废丘"[38]。）

文献中既有槐里也有废丘的情况，很早就引起注家的注意。如《史记索隐》就引李奇言，"废丘即槐里也。上有槐里，此又言者，疑此是小槐里"[39]，提出废丘为"小槐里"。而到《水经注》中，则有"大槐里"。《水经注·渭水》：

> 渭水又东迳槐里县故城南。
>
> 县，古犬丘邑也，周懿王都之，秦以为废丘，亦曰舒丘。中平元年，灵帝封左中郎将皇甫嵩为侯国。
>
> 县南对渭水，北背通渠。
>
> ……后项羽入秦，封司马欣为塞王，都栎阳；董翳为翟王，都高奴；章邯为雍王，都废丘。为三秦。汉祖北定三秦，引水灌城，遂灭章邯。三年，改曰槐里。王莽更名槐治也，世谓之为大槐里。晋太康中，始平郡治也。其城递带防陆，旧

渠尚存，即《汉书》所谓"槐里环堤"者也。[40]

认为废丘在汉初被改为槐里后，时人称其为"大槐里"。对此，杨守敬《水经注疏·渭水》认为：

> 《汉书·樊哙传》，攻赵贲，下郿、槐里、柳中、咸阳，灌废丘，最。师古不载李奇此说。《史记索隐》引李奇曰，废丘即槐里也。上有槐里，此又言者，疑此是小槐里。是奇但因废丘言及小槐里，并未明其所在。郦氏确指为县之西城，盖别有依据。而《寰宇记》云，小槐里，李奇曰，即槐里之西城也。东已有槐里城，以此城为小槐里。当即本郦《注》为说。《魏志·杨阜传》：阜为武都太守，太祖以武都孤远，徙郡小槐里，此城也。《一统志》：小槐里城在今兴平县西，接武功县界。[41]

即兴平县西有"小槐里"，兴平县东有"大槐里"。当然又是一说。

3.废丘与槐里非一地

在前引刘邦、曹参、周勃、樊哙的相关文献记载中，刘邦"还定三秦"后与章邯的战斗总体顺序差别不大，但具体到每个人的战斗细节则详略不等，且有矛盾，如《史记》《汉书》周勃和樊哙传中的战斗顺序就有不同。在周勃传中，槐里之战在好畤之战前，樊哙传中的槐里之战置于好畤之战后至咸阳之战前。又如郿之战，周勃传将其置于咸阳之战后废丘之战前，樊哙传则将此战置于好畤之战后咸阳之战前。（表1）

但不管这两个地点的记述顺序有何差异，樊哙、周勃二人传均是先战于槐里后战于废丘。也就是说，从二人与章邯战斗的顺序看，槐里和废丘是两个地方，应非一地。对此《史记》注早有不同意见：

> 《集解》：李奇曰："以水灌废丘也。"《索隐》：灌谓以水灌废丘，城陷，其功最上也。李奇曰"废丘即槐里也。上有槐里，此又言者，疑此是小槐里"，非也。

表1 《史记》《汉书》中的"废丘"与"槐里"

人名\顺序	1	2	3	4			5	6			7	出处
刘邦		故道	陈仓	好畤			咸阳	陇西、北地、上郡			废丘	《史记·高祖本纪》
								定雍地				《汉书·高帝纪》
曹参	下辨	故道	雍、斄	好畤	壤	高栎	咸阳				废丘	《史记·曹相国世家》《汉书·曹参传》
周勃			槐里	好畤			咸阳	漆	汧	郿 频阳	废丘	《史记·绛侯周勃世家》《汉书·周勃传》
樊哙	白水		雍、斄	好畤	壤	郿	槐里 柳中 咸阳				废丘	《史记·樊哙传》《汉书·樊哙传》

> 按：文云"攻赵贲，下郿、槐里、柳中、咸阳"，总言所攻陷之邑。别言以水灌废丘，其功特最也。何者？初云槐里，称其新名，后言功最，是重举，不欲再见其文，故因旧称废丘也。[42]

李奇认为后面的废丘为"小槐里"，司马贞《史记索隐》以"按"的形式指出前面从郿到咸阳的几个地点是总叙樊哙的"攻陷之邑"，而后所说的"废丘"是"其功特最"的"重举"。

但从《樊哙传》的内容看，其记述顺序都是先述军功，再言封赏：

> 还定三秦，别击西丞白水北，雍轻车骑于雍南，破之。从攻雍、斄城，先登。击章平军好畤，攻城，先登陷阵，斩县令丞各一人，首十一级，虏二十人，迁郎中骑将。
>
> 从击秦车骑壤东，却敌，迁为将军。
>
> 攻赵贲，下郿、槐里、柳中、咸阳；灌废丘，最。至栎阳，赐食邑杜之樊乡。
>
> 从攻项籍，屠煮枣。击破王武、程处军于外黄。攻邹、鲁、瑕丘、薛。项羽败汉王于彭城，尽复取鲁、梁地。哙还至荥阳，益食平阴二千户。
>
> 以将军守广武一岁。项羽引而东，从高祖击项籍，下阳夏，虏楚周将军卒四千人。围项籍于陈，大破之。屠胡陵。项籍既死，汉王为帝，以哙坚守战有功，益食八百户。[43]

除司马贞认为是"重举"的"废丘"之外，再无其他"重举"事。因此如前所述，在文献和流传过程中内容或有误记、错简、遗漏，但整体都是流水账、战功簿，是按时间顺序进行记载。

从周勃传看，周勃先"攻槐里、好畤，最"，后"击赵贲、内史保于咸阳，最。北攻漆。击章平、姚卬军。西定汧。还下郿、频阳"，最后才"围章邯废丘"[44]，显然之前的槐里之战，与后来的废丘之围并不在一时一地。

文献中一直没有得到注家重视却非常重要的记载，是周勃在还定三秦战争中"攻槐里、好畤，最"[45]，而樊哙则是"灌废丘，最"[46]。所谓"最"，《集解》如淳指出，"于将率之中功为最"[47]，即军功最高。因此既然周勃在槐里之战的战功为最，而樊哙在废丘之灌的战功为最，那槐里与废丘，更应非一地。

需说明的是，《史记·高祖本纪》等文献的记载表明，刘邦还定关中的步骤是先于汉王元年八月"暗度陈仓"重入关中，对章邯在好畤等地取得一系列胜利，然后将章邯围困于废丘，完成除废丘外其他雍地的占领，后才占领咸阳，派人"遣诸将略定陇西、北地、上郡"[48]。其后，汉王二年"东略地，塞王欣、翟王翳、河南王申阳皆降"[49]，"置陇西、北地、上郡、渭南、河上、中地郡；关外置河南郡"[50]。在汉王二年六月"大赦罪人。令太子守栎阳，诸侯子在关中者皆集栎阳为卫"后，才"引水灌废丘，废丘降，章邯自杀"[51]。

很明显，刘邦先将章邯围困于废丘，"围而不打"的时间长达十月以上，直到汉王二年六月后才让废丘降而章邯自杀。[52]

因此，从周勃、曹参、樊哙诸人有关的文献看，无论其记载的差异多大，槐里之战都发生在刘邦占领咸阳之前，而后才围废丘，因此樊哙"灌废丘"的时间应在汉王元年八月"还定三秦"后不久，但是时汉并未打下废丘，即《灌婴传》"还围章邯废丘，未拔"[53]。"灌废丘""废丘降"[54]的时间，当在汉王二年六月或之后不久。

因此不仅不存在樊哙"别言以水灌废丘，其功特最也"需要"重举"的情况，而且樊哙这次灌废丘的行为，也与汉王二年六月后废丘降汉之间没有直接关系。据樊哙传的记载，汉王二年六月后废丘降时，樊哙大体尚在"将军守广武一岁"[55]期间，并不在关中。

故而从文献记载看，既然汉王元年八月已"下"槐里，而废丘要迟至汉王二年六月后才降，那自然槐里与废丘就应非一地。也就是说，从《史记》《汉书》记载的参加槐里、废丘之战的将领的相关文献看，当时应既有槐里，也有废丘，二者并非一地。我们推测，《史记·高祖本纪》载章邯自杀后"更名废丘为槐里"的叙述，或是文字有误，[56]或就是刘邦在废丘降后将废丘废弃，将其地划属槐里管辖。

当然，从前引文献的记述看，刘邦还定三秦与章邯战争中，废丘之战的最大特点是"灌"。这就表明在废丘之旁应有充裕的水源，且其所在的地势利于水攻——刘邦与章邯战争的其他地点与此有明显不同——这为我们寻找槐里之外的废丘提供了重要线索。

（二）槐里与黄山宫

在多数文献认为废丘与槐里是一地的情况下，槐里的所在自然就成为废丘的所在。如《兴平县乡土志》卷一"犬丘、槐里、废丘，今县南十里之南佐村"[57]，《重修兴平县志》"古迹·槐里故城"条，"旧志，县东南十里，章邯为雍王所都……在今南佐村"[58]。此外在南佐村东南调查发现有秦代遗址，采集砖、半瓦当较多，并有绳纹板瓦和筒瓦残片，遗址西南念流寨曾出土金饼。[59]在最近的第三次全国文物普查中，在文献所载的兴平南佐村一带还新发现"犬邱遗址"[60]。

文献中汉在槐里建有黄山宫。《汉书·地理志》载"（槐里县）有黄山宫，孝惠二年起"[61]。据《三辅黄图》，"黄山宫，在兴平县西三十里"[62]，《元和郡县图志》也载"黄山宫，在兴平县西三十里"[63]。《兴平县乡土志》卷五"黄山宫，县西三十里"[64]，《重修兴平县志》"古迹·黄山宫"[65]条同载黄山宫在"县西三十里"。相关文献中，黄山宫与兴平县相对位置的记述非常一致，均认为其位于兴平以西三十里。

据记载，兴平的得名始于唐至德二年（757），在此之前的槐里之后有始平、金城等称，其称兴平县时的县治即今天的兴平市治。如前引文献无误，则黄山宫在兴平县西三十里，槐里在兴平东南十里，二者相距在四十里左右。如确定黄山宫的位置，自可为废丘位置的确定提供重要坐标。据当地传说，兴平西北10.6千米的马嵬镇北有黄山宫村和习传的西汉黄山宫遗址。

1992年6月，陕西省考古研究所在咸阳市兴平县东南12千米的侯村发掘一处秦汉建筑遗址。该遗址东西长1000米、南北宽400米，之前曾在村民院落后断崖上枯井内出土"横山宫"汉代铜灯（"横山宫"即"黄山宫"），而在此次发掘中，更发现有大型建筑遗址两处，并采集到大量秦汉建筑材料，并在东区出土1件"黄山"文字瓦当，得以确定此即西汉黄山宫遗址。[66]据建筑材料，发掘者指出，该宫殿遗址始建于战国晚期，延续到汉代继续使用，显然《汉书·地理志》等所言黄山宫"孝惠二年起"不确。

在判断侯村遗址为黄山宫的同时，发掘者注意到前引文献中黄山宫位于兴平县西三十里的记载，注意到位于马嵬镇北黄山宫村的有关碑记。在梳理相关资料和实地踏查后，发掘者指出，方志等所载的"以前公认的"位于兴平县西马嵬镇北李家坡的黄山道观等一带的"西汉黄山宫遗址"的黄山道观，"未发现夯土遗迹，亦未发现瓦当、空心砖、铺地砖等建筑材料"，当地保存的"黄山宫碑记"立于明正德十六年（1521）、"重修黄山宫碑记"立于光绪十六年（1890），"黄山宫碑记"载"兴平邑西三十里有黄山宫，武帝微服私行后改为老子祠"。因此判断该地的黄山宫为后人附会，而位于侯村的黄山宫遗址不仅有文字瓦当等遗物出土为证，且在其南侧不远即为渭河。此段渭河的流向为西南—东北流，正与《水经注》中"渭水经县之故城南，渭水又东北经黄山宫南"的记载"完全吻合"。[67]因此判断侯村遗址当为汉的黄山宫。[68]

在唐兴平县治在今兴平市治未变的情况下，测量可知，侯村黄山宫在兴平东南12.5千米。陈梦家先生指出，汉一尺约为今23.1厘米，汉一里约合今417.53米；唐一尺约相当于今29.5厘米，唐小里约相当于今442.5米、唐大里约相当于今531米。[69]以汉里计算，黄山宫距兴平30里，以唐小里计距兴平28.2里，以唐大里计距23.5里。旧传为黄山宫的马嵬镇黄山宫村位于兴平县西北10.6千米，相当于唐小里23.95里、唐大里19.96里、汉25.38里左右。即，兴平西北马嵬镇北黄山宫虽位于兴平之西，但二者距离与文献记载不符。而与文献记载方位不合的位于兴平东南侯村的黄山宫遗址，与兴平之间的距离虽不合唐里，但合于汉里。

目前地方志将兴平东南南佐村的"南佐遗址"判断为兴平旧治，即槐里故城，在此基础上进一步判断其为犬丘或废丘遗址。从位置看，位于侯村的黄山宫遗址地处南佐遗址的东侧，相距约5.2千米，与文献所载的黄山宫与兴平间距不同。

（三）东马坊遗址为瀍丘（废丘）

在东马坊遗址2018年的考古发掘中，出土"瀍丘 公"刻划陶文的陶罐。"瀍丘"即"废丘"。从秦汉陶文的发现情况看，戳印陶文主要体现的是其生产机构或生产地，而刻划陶文则体现的是该器物的使用地点或置用地。"瀍丘 公"陶罐的发现，成为东马坊遗址为"瀍丘"的重要证据。而东马坊遗址为"瀍丘"的判断，同样可为文献记载、考古资料所证实。

第一，从前引的《史记》《汉书》文献记载看，无论是樊哙还是周勃的战争顺序，

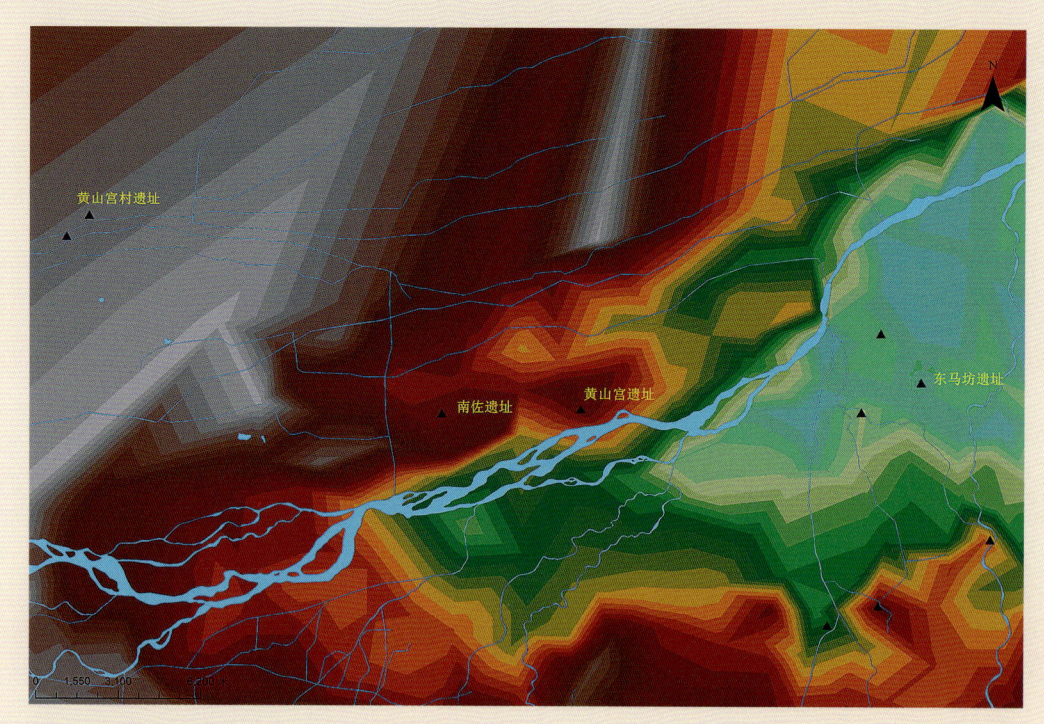

图7 地理模型中的南佐遗址、黄山宫遗址、东马坊遗址

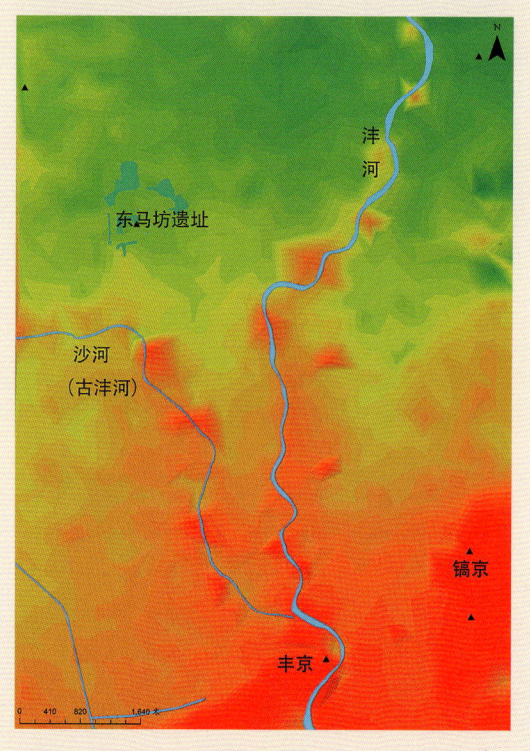

图8 地理模型中的东马坊遗址

都是槐里位于废丘之西。如前引兴平南佐遗址为槐里的判断无误，那东马坊遗址正位于其东。

第二，从兴平南佐遗址所在地点看，遗址所在地的海拔大体在404米左右，位于一高敞的原地之上，近旁无河流，向南约3.3千米方为今天的渭河河道（渭河河道的海拔约为396米）。考虑到历史时期渭河河道的不断北移，秦末汉初时渭河河道距南佐遗址的距离应该更远。也就是说，从南佐遗址所在地的地形看，其无法满足文献中废丘之战中最为突出的引水"灌"城的自然条件。即，南佐遗址非废丘。（图7）

第三，从东马坊遗址所在区域的地势看，其所在地整体呈南高北低，由南向北有约2米的高差，遗址中心仅略高于周围不足1米，向南930米左右为古沣河的河道（今称"沙河"，已干涸），从南侧引古沣河之水很易北"灌"。（图8）

第四，在东马坊遗址的考古勘探中，在遗址东南和南侧的现地表向下20—30厘米左右，即为较大面积的沙土分布。这条位于遗址东、南方的沙带，整体由东南向西北向分布，与现代实测的等高线走向一致，上接沣河，下至东马坊遗址。与此同时，在遗址内勘探发现较为普遍的存在一定厚度的淤泥，相关迹象与刘邦派人"灌"废丘的文献记载相符。

因此据出土"灖丘"陶文，结合遗址所在地的地形地势、勘探资料，东马坊遗址当为"灖丘"。（图9）

从西安相家巷秦封泥的发现看，既有"灖丘丞印"，也有"废丘丞印"。[70] 而在之前出土的睡虎地秦简中，《封诊式》有"灖丘"：

> 告灖丘主，士五（伍）咸阳才（在）某里曰丙，坐父甲谒　其足……灖丘以传，为报，敢告主。[71]

图9　获知勘探结果后开心的李毓芳先生

此外故宫博物院藏"灖丘左尉"铜印，陕西历史博物馆所藏的"三年大将弩机"上刻"灖丘"2字，吴振烽先生考证其年代为公元前233年。[72]

从前引刘邦还定三秦的一系列记述看，"灖丘"的写法应早于"废丘"，秦统一后用"废丘"，"灖丘"大体要应早到秦统一之前。当然，由于我们尚未见到明确的两个地名更改时间的任何资料，故"灖丘"何时改到"废丘"，究竟是在秦统一后还用了一段时间"灖丘"，还是统一前已使用"废丘"的具体时间点等问题，目前还难以确定。但整体上"灖丘"应早于"废丘"。

从秦封泥的发现看，目前已发表的"灖丘"封泥均有边栏而无界格，"灖丘丞印"封泥既有有边栏无界格者，也有用田字格的封泥，甚至还有部分封泥可能没有边栏，而"废丘"的封泥均有日字格，"废丘丞印"的封泥多用田界格，但也有1枚为有边栏而无界格。从封泥形制的发展看，"灖丘丞印"的使用时间要早于、长于"废丘丞印"。

陈侃理先生曾指出，湖南里耶出土更名木方的规定是"记录法度之'法'仍用'灖'字，记录废官之'废'改用废字"[73]，未分析灖丘、废丘的地名演变。从封泥的发现看，"灖丘"写法的封泥应是战国晚期写法，延续时间较长，"废丘"写法的封泥时代偏晚。考虑到已有1枚无界格"废丘丞印"的存在，因此如可"机械性"划分，那部分"废丘"也应早到统一之前。也就是说，灖丘所在地位于关中的秦人腹地，早在秦尚未统一之前已进行更名。若是，所有"灖丘"写法的封泥均为战国封泥，部分的"废丘"写法封泥为战国封泥，部分"废丘"写法封泥为统一秦封泥。而更名木方的相关规定，是对秦人既有更名传统的强调和在全国范围推广。

即，东马坊遗址在战国晚期先名"灖丘"，后更名为"废丘"。据前引文献，秦末

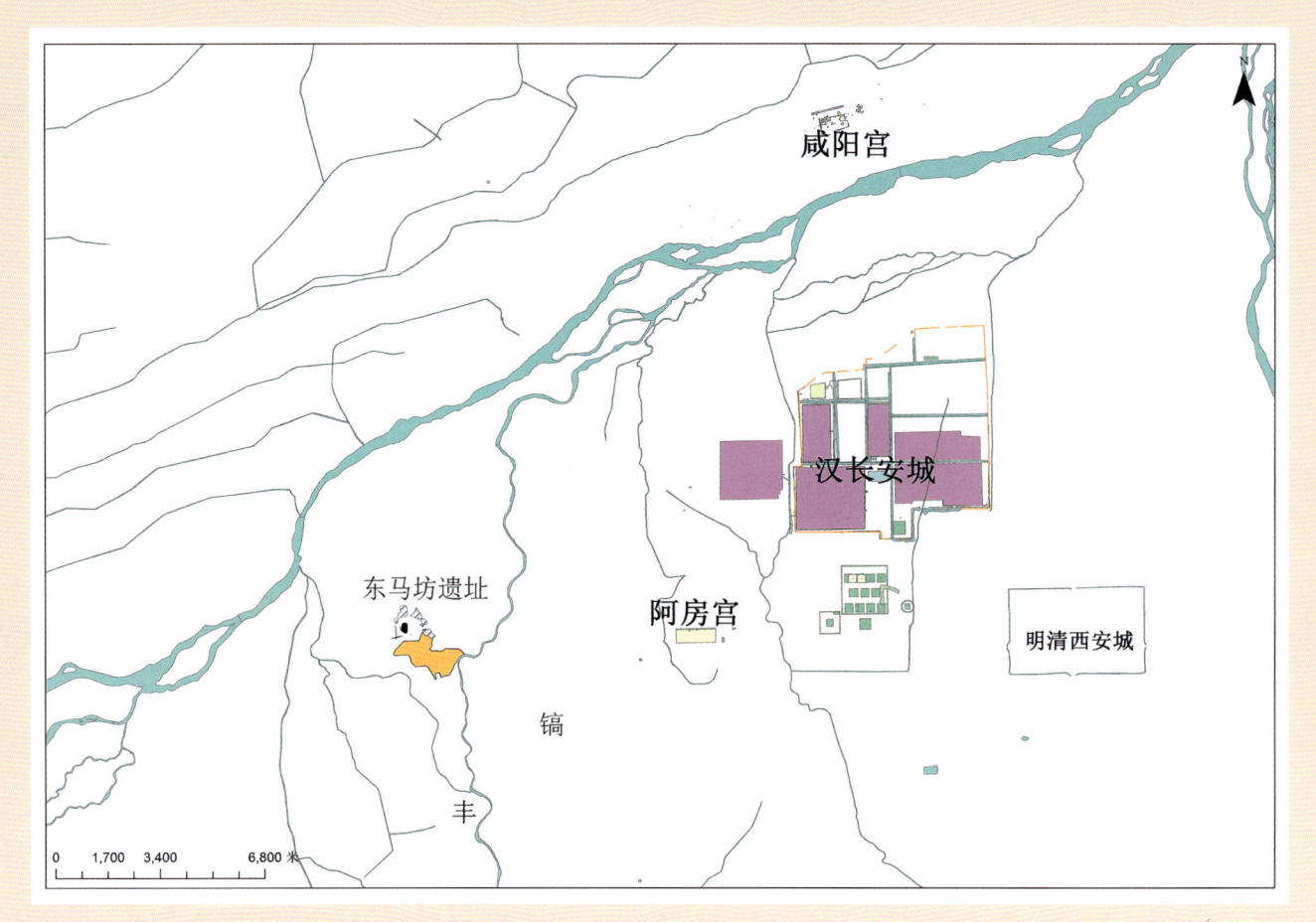

图10 东马坊遗址与周边遗存

槐里与废丘依然为二地，周勃、樊哙在汉王元年八月先下槐里，后灌废丘，之后刘邦继续派兵围困废丘，汉王二年六月后受废丘降，章邯自杀。此后刘邦废"废丘"之名，与之前槐里合并为新的"槐里"，嗣后的文献将废丘与槐里混同为一。

从位置看，东马坊遗址位于兴平侯村的黄山宫遗址以东，从东马坊遗址一号建筑至黄山宫遗址中心的间距约12618米，约合汉30.22里（从东马坊遗址西侧壕沟向西至黄山宫遗址中心为12220米，约合汉29.26里）。即，黄山宫位于东马坊遗址"西三十里"，与《三辅黄图》《元和郡县图志》等文献载黄山宫与兴平县间方位、距离均合。因此前引文献中黄山宫位于"兴平县西三十里"中的"兴平县"，不排除是"废丘"的传抄之误。

东马坊遗址的发现和确定，是栎阳之后"三秦"考古和秦汉都城考古的重要发现。从文献记载和考古发现看，秦人的一系列都城，如雍城、平阳、栎阳、咸阳等等均在渭河以北。东马坊遗址是目前渭河以南已发现的时代最早的秦人高等级宫殿建筑群，对探讨秦人在渭河以南地区的发展和壮大，有重要的学术价值。

东马坊遗址位于丰、镐二京西北约6300米。据文献，"周曰犬丘，懿王都之"，秦人之祖"非子居犬丘，好马及畜，善养息之。犬丘人言之周孝王，孝王召使主马于汧、渭之间，马大蕃息"[74]。东马坊遗址为雍王之都废丘的确定，对进一步探寻周懿王都城犬丘的位置提供了重要线索。而就在对东马坊遗址的解剖清理中，考古队在夯土遗存之下的遗存中的确出土了与周原遗址所出相近的西周板瓦残片，显示在遗址区内现存建筑遗存之下还应有一定规模周代建筑的存在，这对西周都邑考古和早期秦史考古的研究同样具有重要价值。（图10）

四 灋丘陶文

在东马坊遗址采集和出土的板瓦、筒瓦、空心砖等建筑材料，以及清理出土的陶罐上，发现有"左宫""右宫""大匠"等戳印陶文，以及"灋丘 公"等刻划文字，逐步揭示出东马坊遗址的更多信息。

（一）秦陶文[75]

随着中国考古学的不断发展，陶器在中国出现的时间已前推到距今一万年左右。[76]东汉许慎《说文解字》谓，"文，错画也，象交文"[77]。长期以来，古代文字能有幸保存下来而让后人见到的，基本都是依托于不易腐朽的陶、石、骨等材质。在陶器上书写、刻划、戳印等留下的文字，都被称为"陶文"。

从目前资料看，至少追溯到清代道光年间，陶文已开始被人记录了下来。如道光十七年（1837）马星翼《邹县金石志》记载邹县出土陶文。[78]陶文引起学界的关注，要迟至陈介祺（簠斋）同治十一年（1872）五月六日发现陶文后的收藏，而也正是陈介祺开启了对古代陶文的收藏、整理与研究。[79]陈介祺不仅"是陶文研究的创始者，也是最重要的陶文收藏家"[80]。在其之后"山东、河南、陕西等地又发现了齐、燕、韩、秦诸国陶文，其中以齐、燕旧地出土量最多"[81]。

从陶文发现看，相当一段时间里"在种类繁多的陶文中，数量最大的是战国陶文，而在战国陶文里面，又以在山东境内的齐、鲁、邹、滕等地陶文为大多数。秦、燕陶文数居其次，其他地区陶文便只是零星发现"[82]。

秦地陶文的发现，王恩田先生据王懿荣的一则题跋，判断道光十四年（1834）进士，卒于咸丰六年（1856）的吴式芬曾藏过的1件传出长安的有铭陶鼎[83]，其上的秦地陶文是目前所知发现最早的秦陶文。也就是说，秦地陶文与齐鲁陶文的发现时间大略仿佛，"后来收集较丰的，应推陈直先生"[84]。

陈直（1901—1980），字进宧（宜），号摹庐，又号弄瓦翁。陈直先生祖籍江苏镇江，后迁居江苏东台，生前任西北大学历史系教授，考古研究室、秦汉史研究室主任，为中国考古学会理事和中国秦汉史研究会筹备小组组长，长期从事秦汉史与秦汉考古研究。他1940年迁居西安后"长安乐访古，瓦文日搜剔"，对秦汉砖瓦、陶文、瓦当等秦汉文物进行了专题收集与整理，并最早系统地运用到秦汉史的研究之中。1953年在中国科学院向全国学界征集学术著作后，他寄上自己以关中陶文为主题的《关中秦汉陶录》（五册）与《关中秦汉陶录补编》（一册）[85]，不仅"资料非常丰富"[86]，且"是最早研究秦印陶的专著"[87]。随着考古学的发展，特别在秦雍城、咸阳、阿房宫、林光宫、秦始皇陵等秦核心建筑、陵墓考古工作开展后，秦陶文的发现数量与日俱增。

1987年，长期从事秦始皇陵考古发掘和秦代考古研究的袁仲一先生系统整理了六百余种1610件秦陶文，出版首部秦陶文专著《秦代陶文》，并在其中开展了一系列专题研究。[88]

1990年，高明先生出版《古陶文汇编》，按时代、分地区编排，"所收拓片，主要是商代、西周、春秋、战国、秦代古陶文"，其中"陕西出土古陶文"515条，是秦陶文的又一次集中著录。[89]

2000年，王辉先生出版《秦出土文献编年》，汇集到当时为止所见秦陶文830多条。[90]

2006年，王恩田先生出版《陶文图录》，卷六为"秦国与秦代"陶文，收录各类秦陶文1882件（含陶量陶文122条）。[91]

2009年，袁仲一先生在《秦代陶文》基础上出版《秦陶文新编》，成为历年新获秦陶文资料的一次大整合。[92]该书陶文编号达3424，收录陶文3370件，去除非文字的刻划和押印纹，实收陶文3258条（含陶量陶文72件），远超诸书。不过该书仍"多有漏收"[93]，漏收陶文358条。[94]

2010年，王辉先生出版《秦文字集证》。其虽出版较晚，但资料截止至1998年，与《秦代陶文》相比，新增1987年至1998年初的新获秦陶文288条。[95]

近年随着大批秦考古简报、报告的发表，秦代陶文的发现数量继续增加。如《西安北郊秦墓》《西安尤家庄秦墓》"刊发了约200条秦陶文"[96]，而在《临潼新丰战国秦汉墓葬考古发掘报告》[97]、《咸阳东郊秦墓》[98]、《西安张家堡秦墓发掘报告》[99]、《秦始皇帝陵一号兵马俑陪葬坑发掘报告（2009—2011年）》[100]中，也都有数量不等的秦陶文被公布出来。

2020年，我们整理出版《栎阳陶文》，是第一部单一遗址的陶文专书。[101]

2023年，徐龙国先生系统梳理了汉长安城遗址历年出土的秦汉陶文资料，结合遗址特点，对有关陶文和陶文所反映的职官制度等开展研究，是多年以来秦汉陶文的一次最新而最重要的学术成果。[102]

（二）灃丘陶文

1982年西安市文物局魏效祖先生调查东马坊遗址后完成的调查报告，介绍了遗址采集的瓦当等遗物，[103]未介绍遗址发现陶文。2012年阿房宫与上林苑考古队李毓芳先生在东马坊遗址调查中，在西马坊村从村民家中征集到带"大匠"陶文的筒瓦，是遗址陶文的首次发现。[104]

在2018—2019年东马坊遗址的考古发掘中，共发现陶文110枚，分为刻划陶文、戳印陶文两类：

1.刻划陶文

刻划陶文,是在陶质器物表面用坚硬物刻划而成的文字。瀍丘陶文中的刻划陶文数量少,可分四类。

(1) 地名

"瀍丘 公",刻划于陶罐肩部,其中"瀍丘"2字纵刻,位于左侧,笔画纤细;"公"字位于右侧,笔画较粗。从文字刻划的粗细看,其可能非一次刻划而成。

"瀍丘",地名,见前文。

"公",在战国器物上多见,栎阳瓦当上已有"公"字模印。[105]耿庆刚先生据秦简中"公+器物名"表示官府所有物的内容,指出"公"字题铭表示的是器物属于官府,与器物生产、保藏、使用过程相关,同时认为部分"公"字题铭具有秦公或秦王的专属性质,部分具有地方郡县属性。[106]

(2) 姓

1种,"王"。

(3) 数字

2种,分别为"五""廿"。

(4) 容量

1种,"斗六升"。

此外还有3件器物上有残难辨读的刻划陶文。

2.戳印陶文

戳印陶文,是在陶质器物生产过程中,在器物成型后用带文字或图案的"印"压抑于器表后所留文字。

东马坊遗址已发现的陶文中,戳印陶文为大宗。按字数,可分为一字、二字、三字和四字陶文4种。

(1) 一字陶文,指戳印上的文字仅有1个。

目前,东马坊遗址可释读的一字陶文有2种(左、泉),此外还有1个单字印磨泐无法释读。从陶文研究的情况看,一字陶文反映的多应为人名。

东马坊遗址出土一字陶文的文字大小不等,均一物一陶文。

(2) 二字陶文,指戳印上的文字为2字。

东马坊遗址发现的2字陶文,文字完整的有9种,分别是"左宫""右宫""宫尹""宫卯""宫子""宫甲""大匠""隽亭""吕未",此外还有一些文字磨泐不清的二字陶文。陶文的内容,目前所见有机构名,如"大匠""左宫""右宫";机构名+人名或编号,如"宫尹""宫卯""宫子""宫甲";地名,如"隽亭";人名,如"吕未"。

秦封泥中有"宫司空印""宫司空丞",[107]陶文的"宫尹""宫卯""宫子""宫甲"中的"宫"应是"宫司空"省称,其中的"尹""卯""子""甲"等应为人名或编号。

陶文中的"左宫""右宫"，推测是"宫司空"在某个时候曾被分为左右，"左宫"为"左宫司空"，"右宫"为"右宫司空"。这就如同秦有丞相，但也有左丞相、右丞相一样。目前已发表的秦封泥中，尚未见到宫司空分为左右的情况。

陶文中的"大匠"见于文献，秦封泥中有"大匠""大匠丞印""东园大匠""泰匠""泰匠丞印"[108]等内容，到汉代称"将作大匠"，是国家主管宫室营建"掌治宫室"的主要职官。[109]

东马坊遗址的二字陶文多为长方形"半通印"，大小不等，个别近方形。多数一器一陶文，个别器物有2枚陶文。

（3）三字陶文，指戳印上有3字。

东马坊遗址三字陶文仅见"大匠乙"1种，用长条形印抑印而成，有边栏。类似内容的陶文见于秦阿房宫遗址，有"大匠昌""大匠乙"两种[110]。从"大匠昌"看，"昌"为人名，由此推之"大匠乙"中的"乙"也可能是人名。除人名外，在汉长安城的多个遗址出土了数量众多的"大+数字"类、"大+干支"类陶文，徐龙国先生认为其中的数字应是大匠所属砖瓦窑内部分工的编号，[111]并指出"大+数字"为西汉早期物，秦代不见。[112]从东马坊遗址、阿房宫遗址陶文的发现情况看，确实不见其所言的"大+数字"。二遗址所出的"大匠+人名或编号"的陶文格式，应在"大+数字""大+干支"格式之前。

（4）四字陶文，指戳印上有4字。

仅1种，为"□☒□瓦"，有边栏和界格。

3. 灅丘陶文的学术价值

灅丘陶文虽数量、品种有限，但依然具有重要的学术价值。

（1）"灅丘 公"陶文是东马坊遗址历史地名和地位的直接物证

从考古发现看，刻划陶文大体分两种情况，一是在器坯之上刻划出文字后烧制；二是在器物生产后的使用过程中刻划而成。秦汉陶器上刻划陶文的内容，不外乎地名、职官、姓氏或人名、容量或重量、数量或编号、器品或器内物品名等多种。[113]

在器物烧制前刻划的文字中，职官和人名多与器物的生产有关。从秦始皇陵兵马俑发掘的LXT10:14、LXT12:3板瓦上刻划"左司空"，LXT5:5、LXT5:2等板瓦上刻"左司"，而同遗址出土LXT5:39、LXT5:40、LXT5:41、LXT5:42等板瓦戳印"左司"的情况看，[114]无论戳印还是刻划所显示的都应是其由"左司"（左司空）负责生产。而同样在秦的兵马俑陶文中，如"宫係"在T19G10:46、T19G10:55陶俑上为戳印，在T20G9、T1G3:28、T1G3:125②（？）等陶俑上为刻文，[115]表明无论陶俑上人名是刻划还是戳印，其显示的都是由"宫係"等人生产。一般来说，烧制前刻划文字形成陶文的情况在建筑材料中较多，体现该建筑材料的生产机构和人名。

器物使用时刻划陶文中的地名，通常认为是该器的使用地。如之前在栎阳陶文中的

"栎阳 宫"外，在秦始皇陵马厩坑也出土了"左厩容八斗""宫厩""中厩""小厩"等标志马厩坑性质的刻划陶文。[116]

东马坊城遗址出土的"瀍丘 公"陶文中的"瀍丘"表明了该地为文献中的"瀍丘"，"公"则表示出该器起码是官府用器。

（2）戳印陶文是秦陶文发展的实物例证

战国时期随着官营、私营手工业的发展，产生了加强管理的要求与措施，"物勒工名，以考其诚"，于是在陶器上抑印生产机构、生产者或管理者名称，使人们在使用时能了解器物由来。

从秦陶文的发现看，虽在雍城等地发现了一些刻划陶文，但尚未见到早到战国中期以前者，直到秦都栎阳之后，才出现"栎市"的戳印陶文。也就是说，栎阳陶文中的"栎市"陶文是目前最早的秦戳印陶文，与秦献公迁都栎阳"初行为市"的记载有密切联系。

从秦咸阳、阿房宫、秦始皇陵等地不断的考古发现看，秦自栎阳之后戳印陶文逐渐成为陶文主流。如前所述，东马坊遗址的时代虽略晚于栎阳城遗址，但从东马坊遗址出土的一些与栎阳瓦当布局风格近似的动物纹瓦当看，其在秦迁都咸阳之前已经存在（秦咸阳已极少与栎阳类似的动物纹瓦当）。也就是说，东马坊遗址与为秦都时期的栎阳城遗址有一定的共存时间。

目前东马坊遗址还没有发现"栎市"等表现秦人"市场化"的陶文，我们所见到的都是有关国家机构负责生产所留陶文。这一方面可能与东马坊遗址发掘时间短、发掘面积小有一定关系，但另一方面也可能与秦人陶器、建筑材料生产管理的发展有一定关系。

从栎阳陶文发现看，"栎市"陶文不仅见于日用陶器（如陶釜、陶钵），也见于建筑材料（如素面砖、花纹砖），这种情况为其他地点陶文所不见。这不仅表明"栎市"在生产内容上的"广谱"特征，也表明了秦人在栎阳阶段"栎市"本身的复杂性。从之后秦陶文的发现情况看，如"大匠""左宫""右宫"等陶文几乎仅见于建筑材料，显示出高度的"单纯性"。也就是说，起码在秦都咸阳之后，国家建筑的生产不再通过"市场化"途径获得，而是由相关国家机构直接负责生产（当然"栎市"本身也是一个国家机构，但其名中的"市"表明其与其他机构有很大不同）。

之前我们仅能从栎阳和咸阳的陶文差异出发，判断从咸阳时期开始秦陶文的生产机构已发生变化。现在，我们从东马坊遗址陶文的发现看，在与秦都栎阳共存时期的东马坊遗址陶文中已不见"市"类陶文，这可能表明，在秦都栎阳的后期，前述的生产机构的管理变化已经发生。若是，对我们进一步开展"栎市"陶文分期、栎阳建筑材料分期，和由之而来的关中秦汉建筑遗址的研究，均具有明显的学术价值。

与栎阳陶文中仅1枚"宫辰"不同，东马坊遗址中"宫"类陶文的数量明显略多。如前所述，从秦陶文研究成果看，陶文中的"宫"应为"宫司空"省称。东马坊遗址

"宫"类陶文的增多，特别是"左宫""右宫"类陶文数量大增的情况，很明显应是秦人建筑材料生产制度发展的实证。

（3）戳印陶文是印章、文字学研究的重要实证

东汉许慎在《说文解字·序》中讲"秦书有八体：一曰大篆，二曰小篆，三曰刻符，四曰虫书，五曰摹印，六曰署书，七曰殳书，八曰隶书"[117]，印章用字自成一体。东马坊遗址出土的戳印陶文，是以印文抑印于未干器物之上。从用字看，戳印陶文与秦封泥、秦印的用字明显有别，可由其看出当时用于建筑材料生产秦印的一些特点：

①陶文均凹下，表明相关秦印为阳文。

②陶文有近方形、长方形2种。由于戳印文字时陶器尚湿，在抑印时和抑印后的一段时间里容易形成陶文变形，不排除近方形原本方形的可能。整体而言，与类型丰富的栎阳戳印陶文相比，东马坊戳印陶文的类型要简单很多。

③陶文戳印大小不一，显示用来抑印的秦印规格应有一定差异。

单字陶文体现的私名印规格普遍偏小，"左"字陶文仅边长1.2厘米左右，但"泉"字陶文明显较大长2厘米。

二字陶文以长方形"半通印"为主，以"左宫"为例，既有长2.2厘米、宽1.1厘米，也有长3厘米、宽1.5厘米，还有长2.3厘米、2.4厘米、2.5厘米、2.6厘米、2.7厘米、2.9厘米等多种，差异明显。而在"右宫"中，小者有长2.3厘米、宽1.4厘米，大者有长3.2厘米、宽1.7厘米，规格差异也明显甚大。

三字陶文仅见"大匠乙"，长2.4厘米、宽1.1厘米，与前述二字陶文相比，用印明显"纤细"了一些。

四字陶文仅见"□图□瓦"，使用长方形印，长2.6厘米，宽2.2厘米。印的长度与二字陶文大致相同，宽度有所增加。

④陶文所示印章的形制，近方形、方形印多无边栏无界格，个别有边栏有界格，长方形印无边栏无界格。单字印未见明显边栏；二字印多无边栏界格，个别有边栏，均未见界格；三字印有边栏无界格；四字印有边栏有界格。

⑤陶文多见于建筑材料，日用陶器上的陶文比例甚低。刻划陶文既见于建筑材料，也见于日用陶器。板瓦的戳印陶文多见于仰面，筒瓦上的戳印陶文多见于表面，空心砖上陶文位置不固定。

⑥与后世印章、封泥中所见秦文字多较纤细、规整不同，瀵丘陶文的文字笔画多明显粗壮，与秦汉栎阳城遗址、秦咸阳遗址、秦始皇陵遗址、阿房宫遗址等所见戳印陶文笔画较粗一致，显示出戳印陶文所示的生产用印的发展较稳定，文字以粗壮为主。在《栎阳陶文》"前言"中我曾指出，"不仅是栎阳时期，而且直到咸阳、阿房宫时期，秦都同时存在着至少两种以上的秦印。而差异的产生，主要源于抑印对象的差异"[118]，瀵丘陶文的发现再次验证了此点。

2018—2019年东马坊考古工作的开展，为我们提供了数量较多的各种陶文资料。

不过由于无论是发掘范围还是发掘时间都甚为有限，所获陶文的种类、数量均较明显较少，因此也就难以进行更多深入的分析。

不过即使如此，我们还是不难从中发现，大量"左宫""右宫""宫某"类型的陶文数量，明显多于"大匠"陶文，与其它遗址有较明显的差异。而"大匠乙"的发现，则将其与秦始皇三十五年（前212）开始营建的阿房宫联系起来，显示出其在秦统一之后，应该也有一定程度的宫室建设，这对于我们今后在更大范围内，寻找和确定时间甚短的秦帝国时期的建筑材料断代"标准器"提供了信心。

1986年魏效祖先生在公布东马坊遗址调查资料的最后写道："建议把这个遗址列入保护单位，加强保护管理，使其不要再遭破坏了。因为这样的遗址，在西安地区是为数不多的。"[119]但遗憾的是，在之后一段时间里该遗址一直以文物普查的"不可移动文物点"存在，未能列入任何一级的文物保护单位。

2018—2019年东马坊遗址的考古发现迅速引起当地政府的高度重视，及时修改了计划中秦皇大道的建设工作，对遗址进行了及时避让，有效保护了古遗址。2019年10月，东马坊遗址被国务院直接从"不可移动文物点"，公布为第八批全国重点文物保护单位。这虽是对我们通过考古迅速揭示其重要性工作的充分肯定，但更多的是体现着新时代文物保护工作不断向纵深发展。东马坊遗址的发现和保护，可以说是"适逢其时"。

我们相信，随着东马坊遗址保护工作的推进，随着今后陆续展开的遗址考古，更多的陶文会被发掘出来，隐藏在陶文中的历史也会越来越清晰地呈现出来。

1 西安市文物局　魏效祖：《长安县东马坊的先秦建筑遗址》，《考古与文物》1986年第4期，第6页。
2 [汉]班固：《汉书·百官公卿表》，中华书局2006年版，第733页。
3 [晋]司马彪：《后汉书·百官志》，中华书局2006年版，第3610页。
4 中国社会科学院考古研究所、西安市文物保护考古研究院：《秦汉上林苑：2004—2012年考古报告》，文物出版社2018年版。
5 睡虎地秦墓竹简整理小组：《睡虎地秦墓竹简》，文物出版社1990年版，第155页。
6 罗福颐：《秦汉南北朝官印征存》，文物出版社1987年版，第7页。
7 中国社会科学院考古研究所：《殷周金文集成》，中华书局2007年版，第1517页。
8 [汉]班固：《汉书·地理志》，中华书局2006年版，第1546页。
9 [汉]司马迁：《史记·项羽本纪》，中华书局2013年版，第399页。
10 [汉]司马迁：《史记·高祖本纪》，中华书局2013年版，第459页。
11 [汉]班固：《汉书·地理志》，中华书局2013年版，第1546页。
12 [唐]杜佑：《通典·州郡》，中华书局2007年版，第4511页。
13 [宋]李昉：《太平御览·郡部一》，中华书局1995年版，第755页。
14 [汉]司马迁：《史记·外戚世家》，中华书局2013年版，第2381—2382页。
15 [汉]司马迁：《史记·绛侯周勃世家》，中华书局2013年版，第2499页。
16 [汉]司马迁：《史记·曹相国世家》，中华书局2013年版，第2446页。
17 [汉]司马迁：《史记·周本纪》，中华书局2013年版，第179页。
18 [汉]司马迁：《史记·秦本纪》，中华书局2013年版，第226页。
19 [汉]司马迁：《史记·项羽本纪》，中华书局2013年版，第400页。
20 [汉]班固：《汉书·高帝纪》，中华书局2006年版，第28页。
21 [宋]程大昌：《雍录》，陕西师范大学出版社1996年版，第2页。
22 [元]骆天骧：《类编长安志》，三秦出版社2006年版，第30页。
23 [元]骆天骧：《类编长安志》，三秦出版社2006年版，第214页。
24 [元]骆天骧：《类编长安志》，三秦出版社2006年版，第220页。
25 [唐]张守节：《上〈史记正义〉序》，[清]董诰编：《全唐文》，上海古籍出版社1990年版，第1794页。
26 [汉]司马迁：《史记·曹相国世家》，中华书局2013年版，第2445页。
27 [汉]班固：《汉书·曹参传》，中华书局2006年版，第2015页。
28 [汉]司马迁：《史记·绛侯周勃世家》，中华书局2013年版，第2498页。
29 [汉]班固：《汉书·周勃传》，中华书局2006年版，第2052页。
30 [汉]司马迁：《史记·樊哙传》，中华书局2013年版，第3201—3202页。
31 [汉]班固：《汉书·樊哙传》，中华书局2006年版，第2070页。

32 [汉]司马迁:《史记·高祖本纪》,中华书局2013年版,第462—466页。
33 [汉]班固:《汉书·高帝纪》,中华书局2006年版,第31—38页。
34 [汉]班固:《汉书·灌婴传》,中华书局2006年版,第2052页。
35 [汉]司马迁:《史记·高祖功臣侯者年表》,中华书局2013年版,第1133页。
36 [汉]班固:《汉书·高惠高后文功臣表》,中华书局2006年版,第610页。
37 [汉]司马迁:《史记·高祖功臣侯者年表》,中华书局2013年版,第1135页。
38 [汉]班固:《汉书·高惠高后文功臣表》,中华书局2006年版,第611页。
39 [汉]司马迁:《史记·樊哙传》,中华书局2013年版,第3203页。
40 [北魏]郦道元:《水经注》,巴蜀书社1985年版,第326页。
41 [清]杨守敬,熊会贞疏,杨甦宏等补:《水经注疏补》,中华书局2016年版,第533页。
42 [汉]司马迁:《史记·樊哙传》,中华书局2013年版,第3202—3203页。
43 [汉]司马迁:《史记·樊哙传》,中华书局2013年版,第3201—3203页。
44 [汉]司马迁:《史记·绛侯周勃世家》,中华书局2013年版,第2498页。
45 [汉]司马迁:《史记·绛侯周勃世家》,中华书局2013年版,第2498页。
46 [汉]司马迁:《史记·樊哙传》,中华书局2013年版,第3201—3202页。
47 [汉]司马迁:《史记·樊哙传》,中华书局2013年版,第3202页。
48 [汉]司马迁:《史记·高祖本纪》,中华书局2013年版,第462页。
49 [汉]司马迁:《史记·高祖本纪》,中华书局2013年版,第463页。
50 [汉]司马迁:《史记·高祖本纪》,中华书局2013年版,第463页。
51 [汉]司马迁:《史记·高祖本纪》,中华书局2013年版,第466页。
52 《史记·秦楚之际月表》汉王二年六月记"汉杀邯废丘",第943页。之前汉王元年八月下记"邯守废丘,汉围之",第939页。
53 [汉]班固:《汉书·灌婴传》,中华书局2006年版,第2080页。
54 [汉]司马迁:《史记·高祖本纪》,中华书局2013年版,第466页。
55 [汉]司马迁:《史记·樊哙传》,中华书局2013年版,第3202页。
56 如《史记·高祖本纪》更名时间列于二年,《汉书·地理志》则载"高祖三年更名"。
57 [清]张元际纂修:《兴平县乡土志》,光绪三十二年(1906)抄本,成文出版社1970年版。
58 [清]王廷珪修,张元际等纂:《重修兴平县志》,民国十二年(1923)铅印,成文出版社1970年版。
59 咸阳市文物事业管理局,《咸阳市文物志》"南佐遗址"条,三秦出版社2008年版。在该条中指出"新版《兴平县志》认为此遗址应是犬丘遗址"。其说言《兴平县志》,为兴平地方志编纂委员会在1994年陕西人民出版社出版。该志将南佐遗址径称"犬丘遗址",指出"遗址范围从阜寨学校向东南2000米,呈方形,地势平坦开阔,地表被长期作为耕地使用,没有遗迹发现。从采集到的陶器看,多为西周的板瓦和秦砖、半瓦当等。另外,在遗址西南念流寨村,曾出土大量秦代金饼(为省博物馆收藏)。1980年夏,又出土1枚金饼,由户县人民银行收购……据该遗址内涵及文献记载分析,犬丘遗址应是包括了西周中晚期和秦两个时期的文化遗迹"(第710页)。
60 《中国文物地图集·陕西分册》有"南佐遗址",为市文物保护单位,位于"阜寨乡南佐村东·西周、秦—汉""面积约200万平方米,文化层厚度不详。采集有西周的泥质灰陶绳纹盆、罐残片,以及秦时期的绳纹板瓦、筒瓦。据《兴平县志》,此地为犬丘故地,亦名废丘"(西安地图出版社1998年版,第454页)。在第三次文物普查中,将南佐遗址和犬邱遗址分开登记。其中"犬邱遗址"条为在"第三次文物普查中新发现""兴平市阜寨镇南佐村东南约1500米处的耕地中"发现"东西宽约1500米,南北长约2000米,平面略呈长方形,面积约300万平方米"的遗址,该遗址"暴露有多处灰坑和文化层堆积层,文化层呈带状分布,厚1—2.5米。地表散布大量的板瓦、筒瓦等瓦当和陶器残片",据"遗址内涵及文献记载分析,犬邱遗址应该是西周中期、秦汉时期的文物遗存,为研究西周迁都及秦汉聚落分布提供了珍贵的依据",见陕西省文物局:《兴平文物》,陕西旅游出版社2012年版,第20页。此外"南佐遗址"时代为秦汉,位于南佐村东侧的耕地之中,遗址东西长约1000米,南北宽约300米,面积约30万平方米。遗址采集有汉代泥质灰陶盆、罐残片。认为"该遗址为研究兴平南部地区汉代的聚落分布提供了依据"。
61 [汉]班固:《汉书·地理志》,中华书局2006年版,第1546页。
62 何清谷校注:《三辅黄图校注》,三秦出版社1998年版,第185页。
63 [唐]李吉甫撰,贺次君点校:《元和郡县图志》,中华书局1983年版,第26页。
64 [清]张元际纂修:《兴平县乡土志》,光绪三十二年(1906)抄本,成文出版社1970年版。
65 [清]王廷珪修,张元际等纂:《重修兴平县志》,民国十二年(1923)铅印,成文出版社1970年版。
66 陕西省考古研究所:《陕西兴平侯村遗址》,三秦出版社2004年版。
67 李晓杰《水经注校笺图释·渭水流域诸篇》图九将黄山宫置于汤坊镇,在位于南佐村南侧的"槐里县故城"西侧。李晓杰:《水经注校笺图释·渭水流域诸篇》,复旦大学出版社2017年版,第336页。
68 陕西省考古研究所:《陕西兴平侯村遗址》,三秦出版社2004年版,第65页。
69 陈梦家:《亩制与里制》,《考古》1966年第1期,第37页。
70 中国社会科学院考古研究所汉长安城工作队:《西安相家巷遗址秦封泥的发掘》,《考古学报》2001年第4期,第529页。
71 睡虎地秦墓竹简整理小组:《睡虎地秦墓竹简》,文物出版社1990年版,第155页。
72 吴振烽、师小群:《三年大将吏弩机考》,《文物》2006年第4期。王琳认为"瀺丘"是人名,见王琳:《有关〈三年大将吏弩机考〉的瀺丘问题》,《中原文物》2007年第5期。陈家宁对此加以反驳,见陈家宁:《也谈"三年大将吏弩机"的瀺丘问题》,《中原文物》2008年第3期。吴振烽对此也有辩证,见吴振烽:《"瀺丘"即"废丘"辩证》,《考古与文物》2009年

73 陈侃理：《里耶秦方与"书同文字"》，《文物》2014年第9期，第78页。

74 [汉]司马迁：《史记·秦本纪》，中华书局2013年版，第226页。

75 本节内容删改自刘瑞：《栎阳陶文》"前言"，中国社会科学院考古研究所、西安市文物保护考古研究院：《栎阳陶文》，科学出版社2020年版。

76 中国社会科学院考古研究所：《中国考古学·新石器时代卷》，中国社会科学出版社2010年版，第45页。

77 [汉]许慎：《说文解字》，中华书局2013年版，第182页。

78 王恩田：《陶文图录·自序》，《陶文图录》，齐鲁书社2006年版，自序第1页。

79 [清]陈介祺：《秦前文字之语》，齐鲁书社1991年版，序第3页陈继揆言同治十年之后"古陶器文字初为簠斋所发现"。李学勤指出在同治十一年（1872），见李学勤：《山东陶文的发现和著录》，《齐鲁学刊》1982年第5期，第35页。据陆明君：《陈介祺年谱》，西泠印社出版社2015年版，第213页载"五月六日，与同邑于姓得即墨古县（今平度东南）所出瓦器'陈□'陶文残片，是为所藏陶文第一片。成为首开陶文价值发现，并将其作为重要的文字遗迹而进行收藏、研究的第一人。从此，陶文成为与吉金文字、古玺印等并重的珍贵遗存，成为金石学的一个重要门类，陈氏为其创始者。"

80 李学勤：《陶文图录·序》，见王恩田：《陶文图录》，齐鲁书社2006年版，序一第1页。

81 何琳仪：《战国文字通论（订补）》，上海古籍出版社2017年版，第11页。

82 李学勤：《陶文图录·序》，见王恩田：《陶文图录》，齐鲁书社2006年版，序一第1—2页。

83 王恩田：《陶文图录·自序》，《陶文图录》，齐鲁书社2006年版，自序第1—2页。

84 李学勤：《古陶文汇编·序》，见高明：《古陶文汇编》，中华书局2010年版，序第3页。

85 周天游：《关中秦汉陶录·前言》，见陈直：《关中秦汉陶录》，中华书局2006年版，前言第1—8页。

86 高明：《古陶文汇编·序》，《古陶文汇编》，中华书局2010年版，序第7页。

87 王辉、陈昭容、王伟：《秦文字通论》，中华书局2016年版，第354页。

88 袁仲一：《秦代陶文》，三秦出版社1987年版。

89 高明：《古陶文汇编》，中华书局1990年版。

90 王辉：《秦出土文献编年》，新文丰出版公司2000年版。陶文数量的统计见王辉、陈昭容、王伟：《秦文字通论》第七章《秦代陶文》，中华书局2016年版，第369页。

91 王恩田：《陶文图录》，齐鲁书社2006年版。陶文数量的统计见王辉、陈昭容、王伟：《秦文字通论》第七章《秦代陶文》，中华书局2016年版，第369页。

92 袁仲一、刘钰：《秦陶文新编》，文物出版社2009年版。

93 王辉：《秦文字研究的回顾与展望（提纲）》，复旦大学出土文献与古文字研究中心：《战国文字研究的回顾与展望》，中西书局2017年版，第17页。

94 王辉、陈昭容、王伟：《秦文字通论》第七章《秦代陶文》，中华书局2016年版，第371页。

95 王辉、程学华：《秦文字集证》，艺文印书馆2010年版。王辉先生指出该书出版于1999年，见王辉、陈昭容、王伟：《秦文字通论》第七章《秦代陶文》，中华书局2016年版，第369页，但从所见《秦文字集证》的版权页看，出版时间当在2010年。

96 王辉：《秦文字研究的回顾与展望（提纲）》，复旦大学出土文献与古文字研究中心：《战国文字研究的回顾与展望》，中西书局2017年版，第17页。

97 陕西省考古研究院：《临潼新丰战国秦汉墓葬考古发掘报告》，科学出版社2016年版。

98 陕西省考古研究院：《咸阳东郊秦墓》，科学出版社2018年版。

99 陕西省考古研究院：《西安张家堡秦墓发掘报告》，陕西科学技术出版社2018年版。

100 秦始皇帝陵博物院：《秦始皇陵一号兵马俑陪葬坑发掘报告（2009—2011年）》，文物出版社2018年版。

101 中国社会科学院考古研究所、西安市文物保护考古研究院：《栎阳陶文》，科学出版社2020年版。

102 徐龙国：《秦汉砖瓦陶文研究》，《考古学报》2023年第4期。

103 西安市文物局 魏效祖：《长安县东马坊的先秦建筑遗址》，《考古与文物》1986年第4期。

104 中国社会科学院考古研究所、西安市文物保护考古研究院：《秦汉上林苑：2004—2012年考古报告》，文物出版社2018年。

105 中国社会科学院考古研究所、西安市文物保护考古研究院：《栎阳瓦当》，科学出版社2020年版。

106 耿庆刚：《战国秦"公"字题铭小议》，《西部考古》2022年第2期，第157—158页。

107 刘瑞：《秦封泥集存》，中国社会科学出版社2020年版，第281—288页。

108 刘瑞：《秦封泥集存》，中国社会科学出版社2020年版，第302、428—435页。

109 刘瑞：《秦汉时期的将作大匠》，《中国史研究》1998年第4期，第168—169页。

110 中国社会科学院考古研究所、西安市文物保护考古研究所、阿房宫考古工作队：《阿房宫前殿遗址的考古勘探与发掘》，《考古学报》2005年第2期，第216、218页。

111 徐龙国：《秦汉砖瓦陶文研究》，《考古学报》2023年第4期，第467页。

112 徐龙国：《秦汉砖瓦陶文研究》，《考古学报》2023年第4期，第477页。

113 秦始皇帝陵西侧赵背户修陵工人墓坑内出土的瓦文为墓志的性质，标明墓中人的来源、身份，与一般的刻划陶文不同。

114 袁仲一：《秦代陶文》，三秦出版社1987年版，第106页。

115 袁仲一：《秦代陶文》，三秦出版社1987年版，第99页。

116 袁仲一、刘钰：《秦陶文新编》，文物出版社2009年版，第83—84页。

117 [汉]许慎：《说文解字》，中华书局2013年版，第316页。

118 中国社会科学院考古研究所、西安市文物保护考古研究院：《栎阳陶文》，科学出版社2020年版，序第16页。

119 西安市文物局 魏效祖：《长安县东马坊的先秦建筑遗址》，《考古与文物》1986年第4期，第29页。

目 录 CONTENTS

001　　前　言

002　　凡　例

003　　刻划陶文

019　　戳印陶文
020　　一字
023　　二字
142　　三字
144　　四字

145　　其他

148　　瀔丘陶文登记表

153　　后记

凡 例

一、收录东马坊遗址历年所获全部陶文。

二、刊布陶文所在器物照片、陶文照片和拓片。

三、器物下介绍陶文规格。

四、陶文编号为各器物的考古原始编号。

五、释读以简体隶写，个别以繁体隶写。

六、陶文据释读确定顺序隶写。

七、未释文字以"□"表示，一字一"□"；若仅存一字则只隶一字。

图版

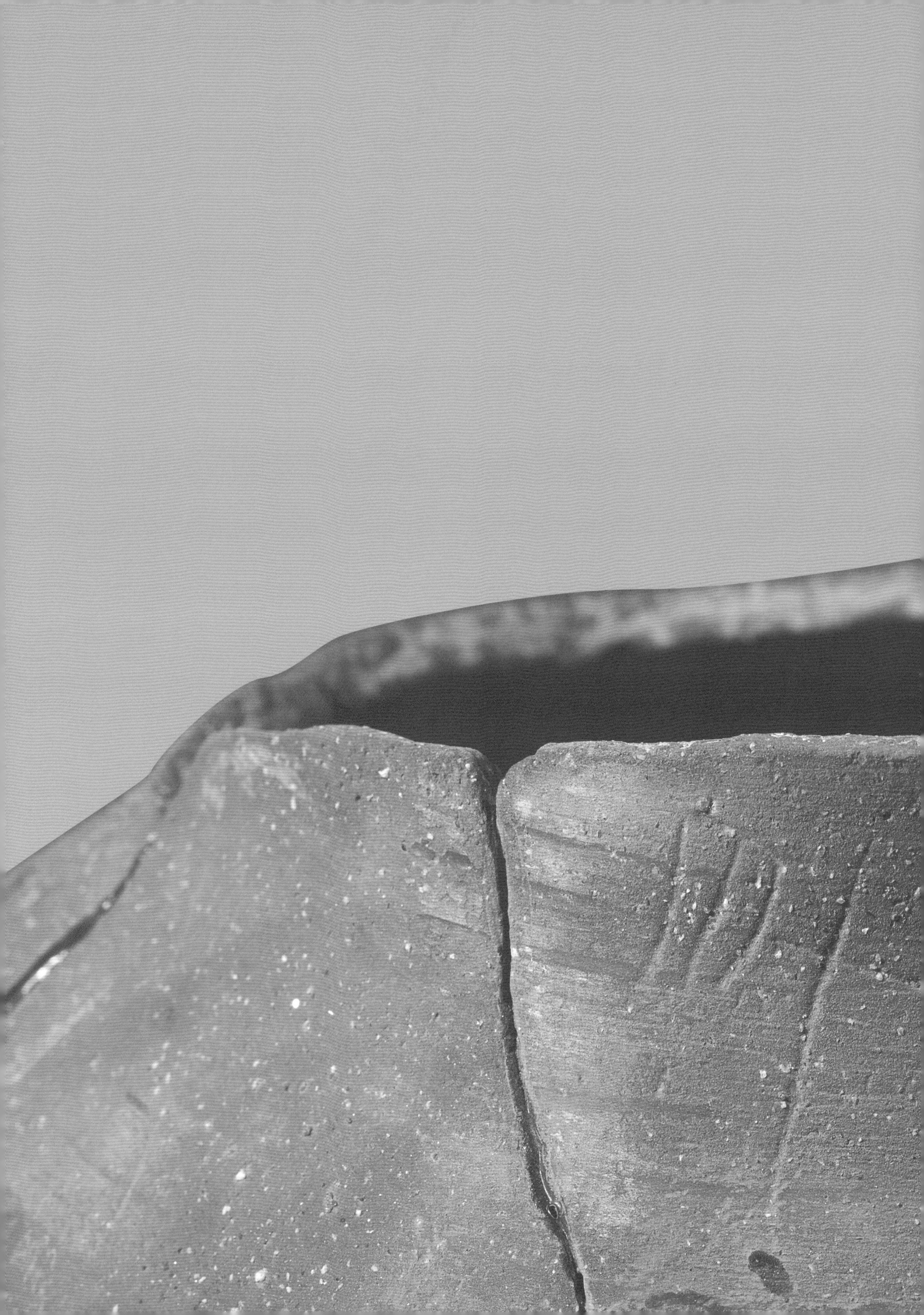

刻划陶文

1
一五
2018XSXJ16:32
长4.1厘米、宽3.5厘米

005

2
廿

2018XSXJ1:10
长7.5厘米、宽6.2厘米

007

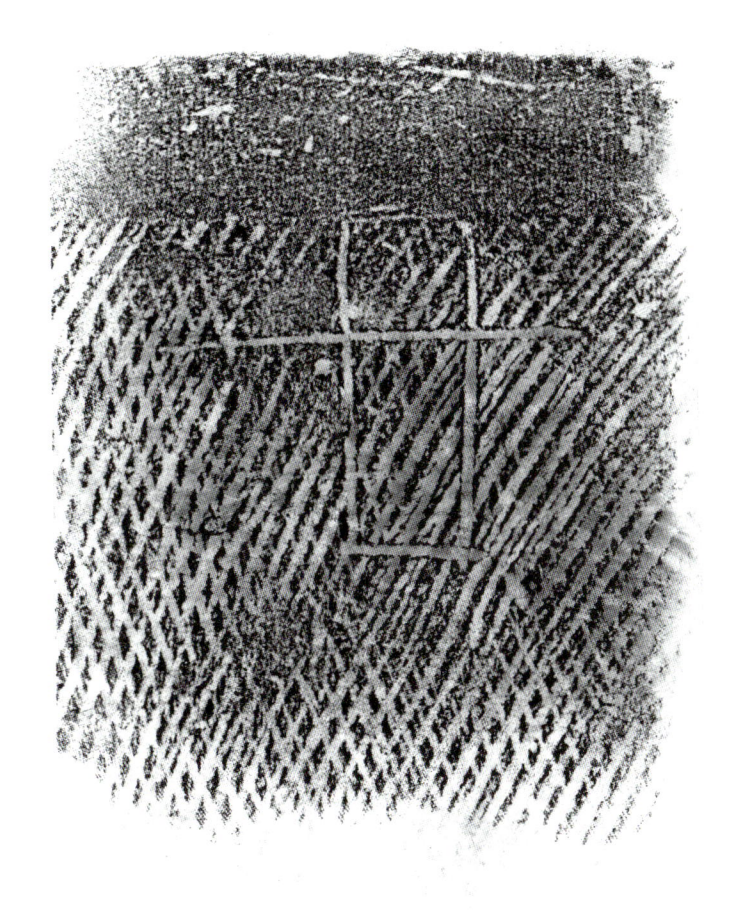

3
王

2018XSⅩJ22:4
长5.4厘米、宽5.5厘米

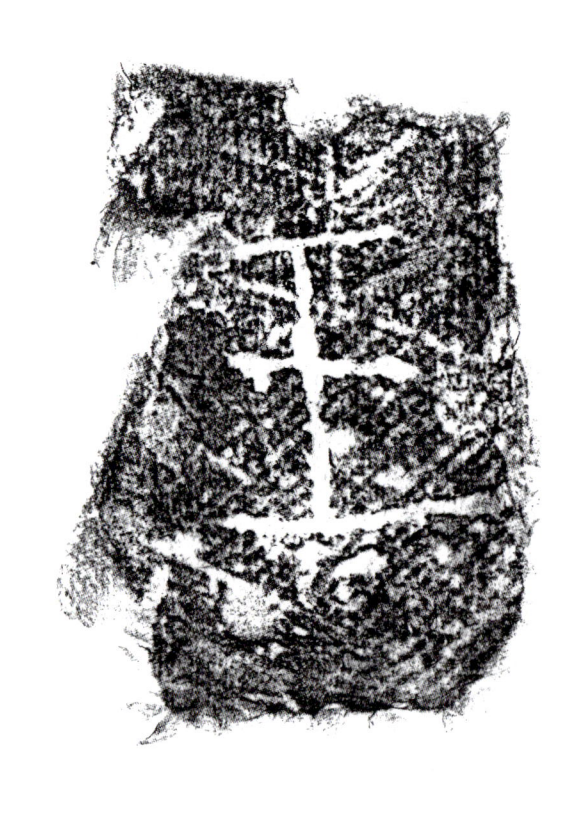

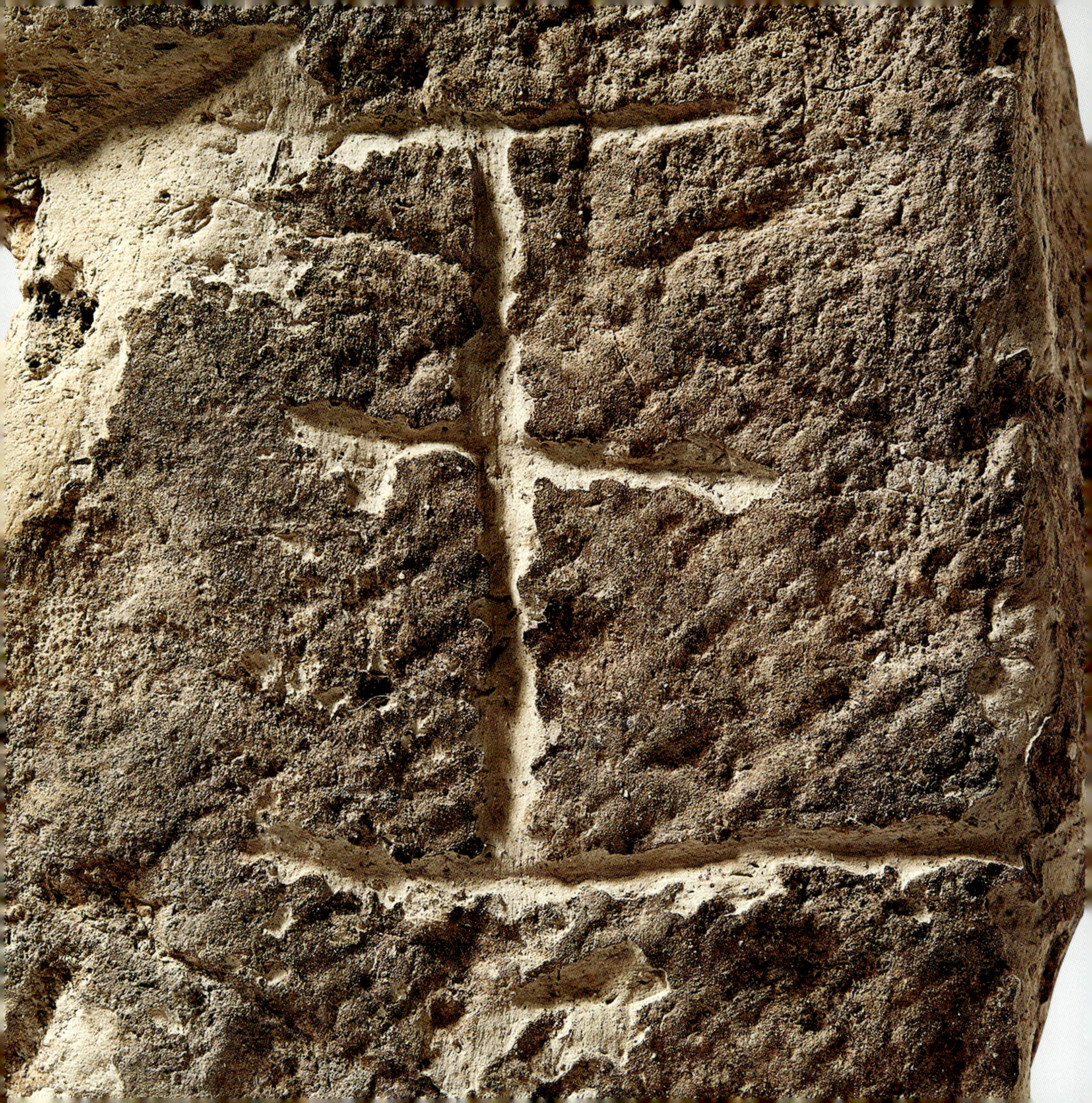

濾丘 公

2018XSXJ12:3
濾丘：长4.9厘米、宽1.8厘米 公：长2.6厘米、宽2.4厘米

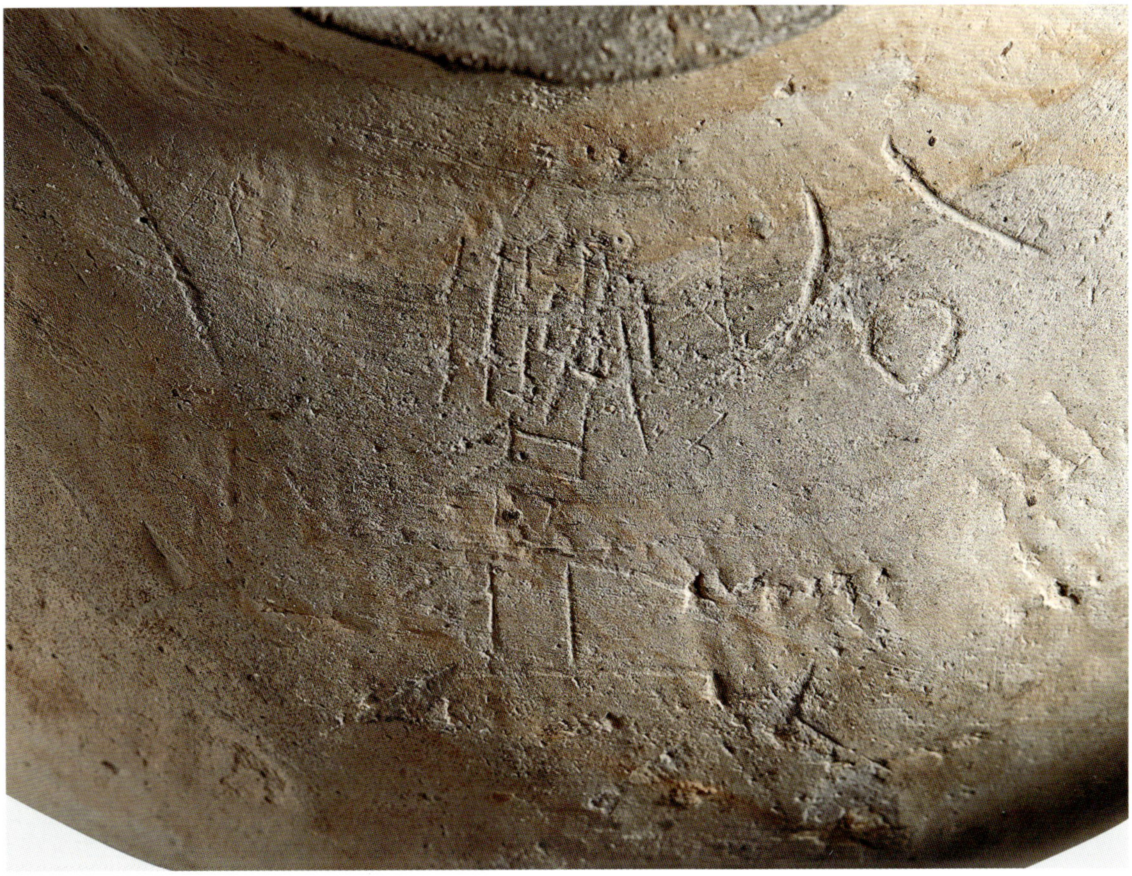

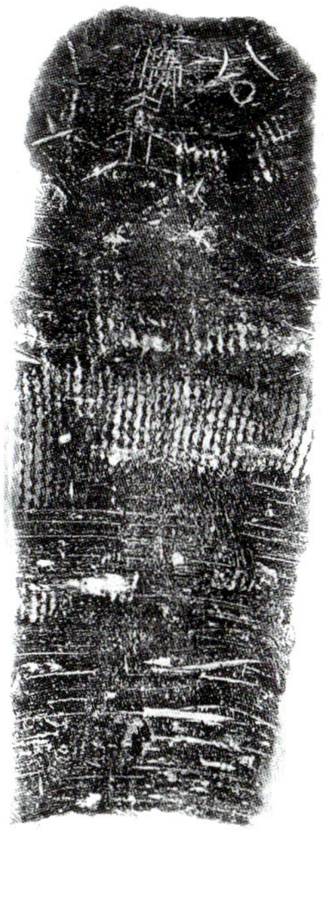

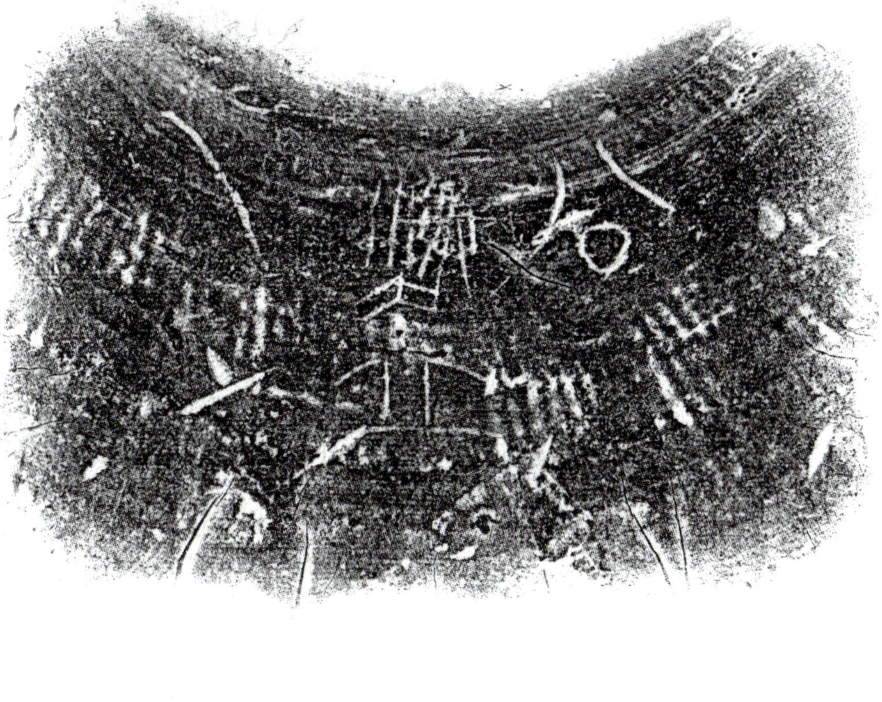

5
斗六升

2018XSⅩH59②:2

斗六：长3.5厘米、宽1.8厘米 升：长2.0厘米、宽1.9厘米

013

6

□

2018XSXJ10:4-2

长7.6厘米、残宽5.0厘米

2018XSXJ10:4-3
残长5.3厘米、残宽4.4厘米

2018XSⅩH55:5
长1.4厘米、宽1.2厘米

017

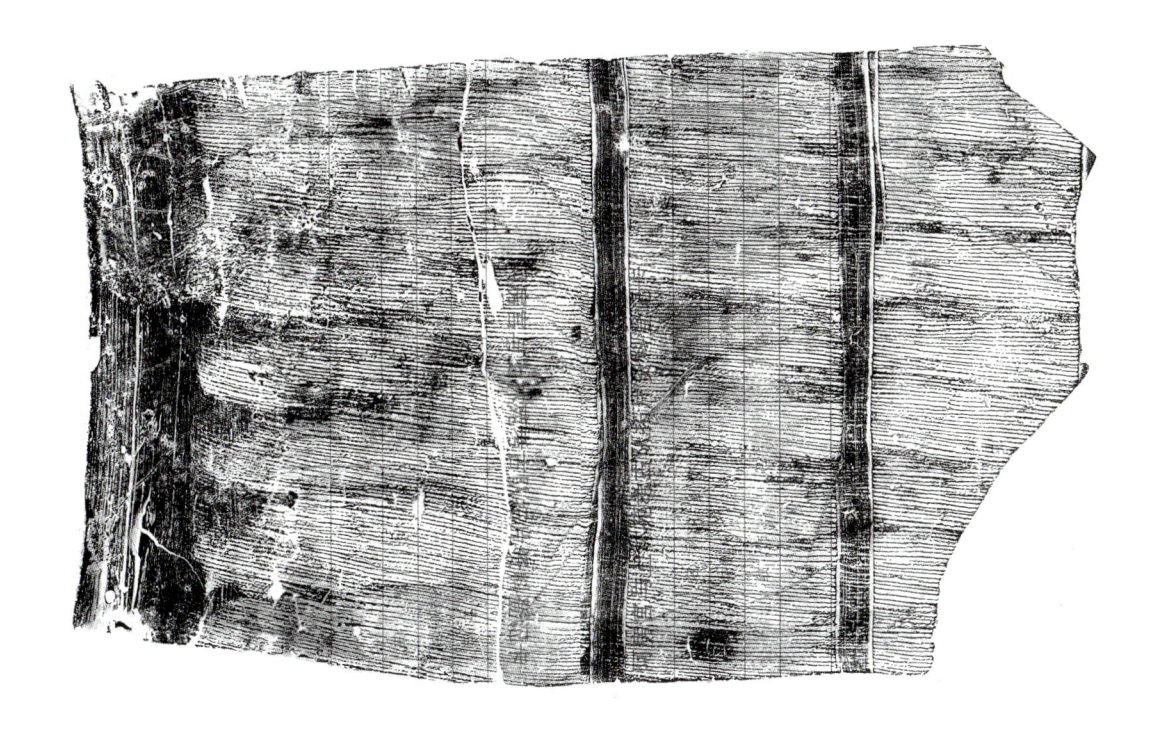

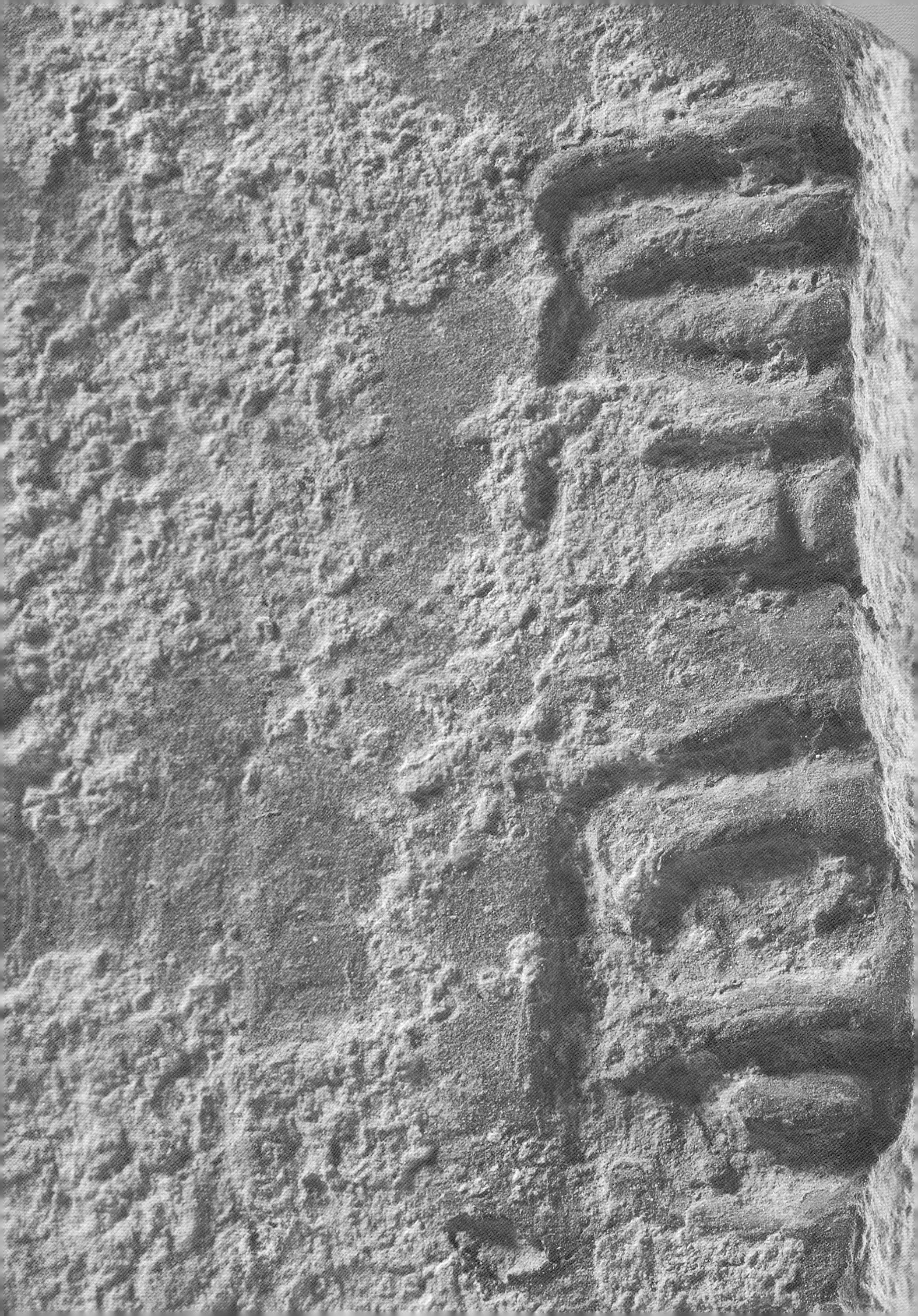

戳印陶文

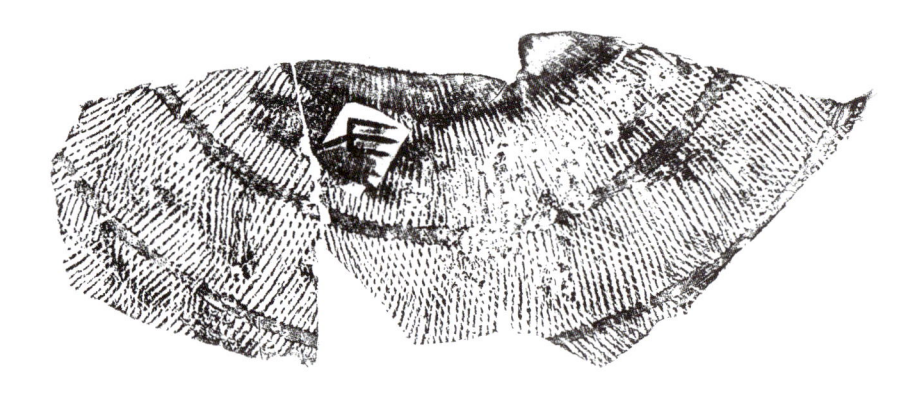

一字

1
左
2018XSXH1:24
长1.2厘米、宽1.0厘米

2
—
泉

2018XSXJ20:27
长2.0厘米、宽1.4厘米

3
囗
2019XSⅩT25H101:28
长4.6厘米、宽4.3厘米

二字

1

左宮

2019XSXTG28①:2
长2.9厘米、宽1.4厘米

左宫

2019XSXTG32H164:1
长2.7厘米、宽1.3厘米

左宫

2019XSXTG36夯土：1
残长2.4厘米、宽1.2厘米

左宫

2018XSXJ23:6
长2.9厘米、宽1.4厘米

027

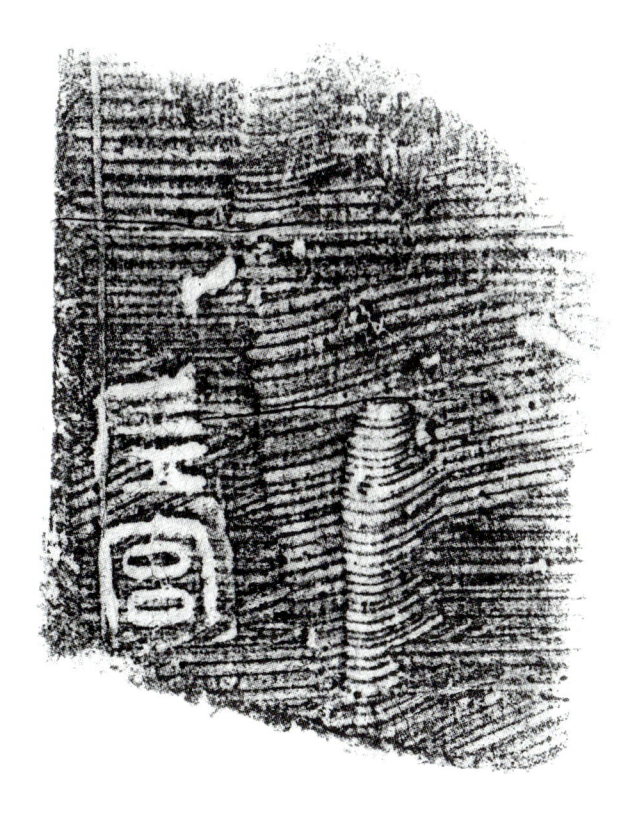

左宫

2018XSXJ23:7
长2.7厘米、宽1.5厘米

左宫

2018XSⅩH68:4
长2.3厘米、宽0.8厘米

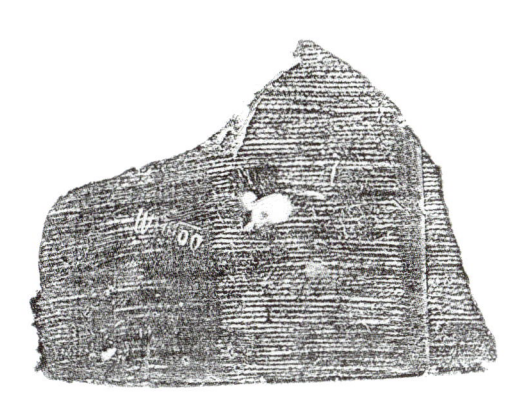

左宫

2018XS X H55:34
长2.4厘米、宽0.5厘米

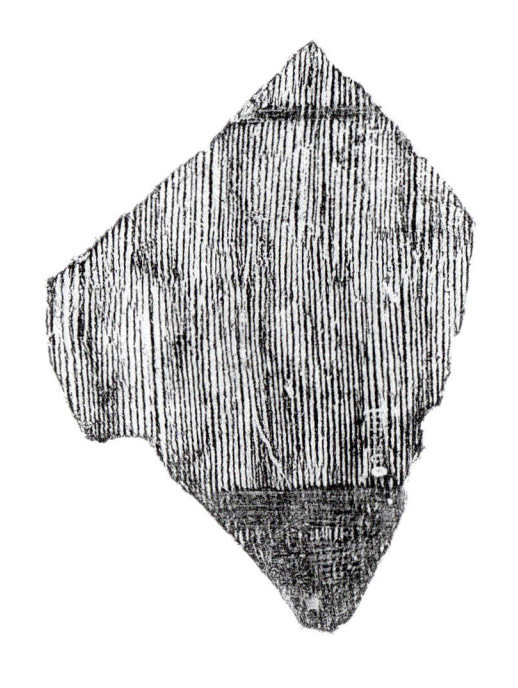

左宫

2018XSXH48:7
长2.7厘米、残宽1.0厘米

左宫

2018XSXJ18:3
左宫（第33页上）长2.5厘米、宽1.1厘米
左宫（第33页下）长2.7厘米、宽1.0厘米

033

左宮

2018XSXJ16:31
长2.6厘米、宽1.1厘米

035

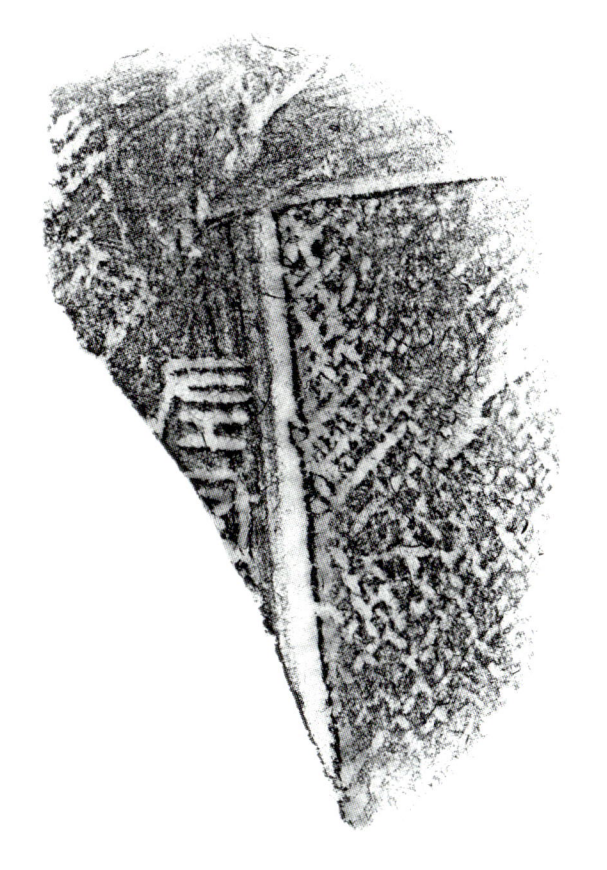

左宫

2018XSXJ14:11
长3.0厘米、宽1.5厘米

037

左宫

2018XSXJ11:28
长2.4厘米、宽1.3厘米

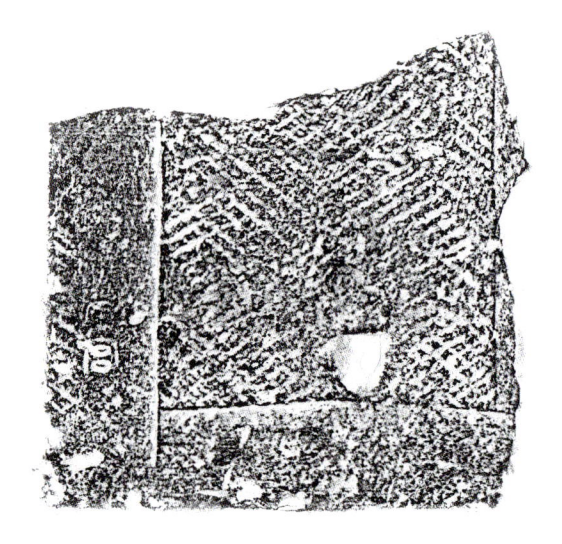

左宫

2018XSⅩH55：16
长2.7厘米、宽1.0厘米

左宫

2018XSXH55:24
长2.2厘米、宽1.1厘米

左宫

2018XSXT0625②:1

长2.7厘米、宽1.1厘米

左宫

2018XSXJ22:1
长2.5厘米、宽1.1厘米

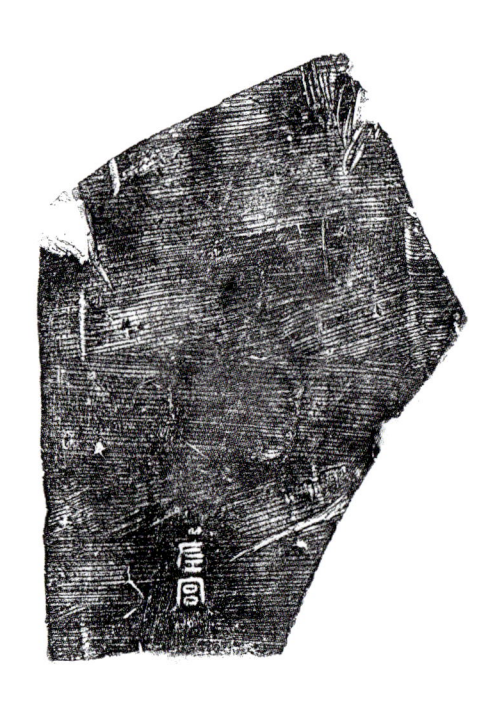

左宫

2018XSⅩH65∶81
长2.6厘米、宽1.2厘米

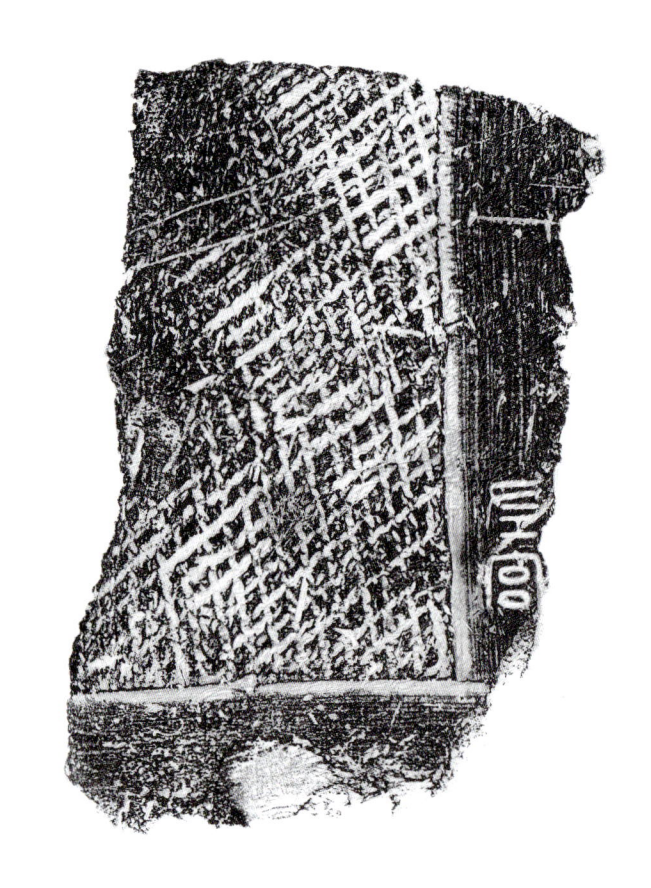

左宫

2018XSXJ11:27

长2.5厘米、宽1.3厘米

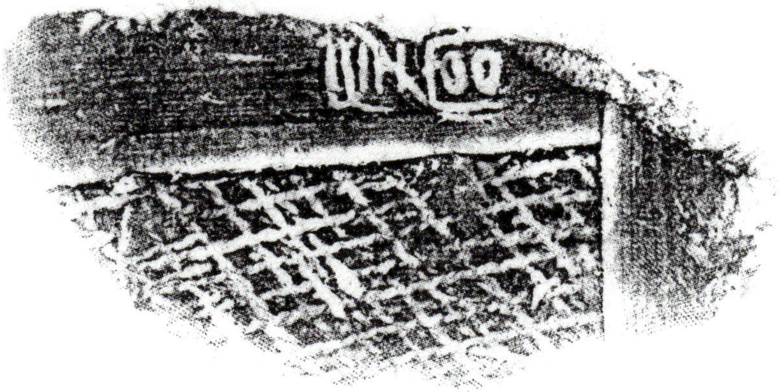

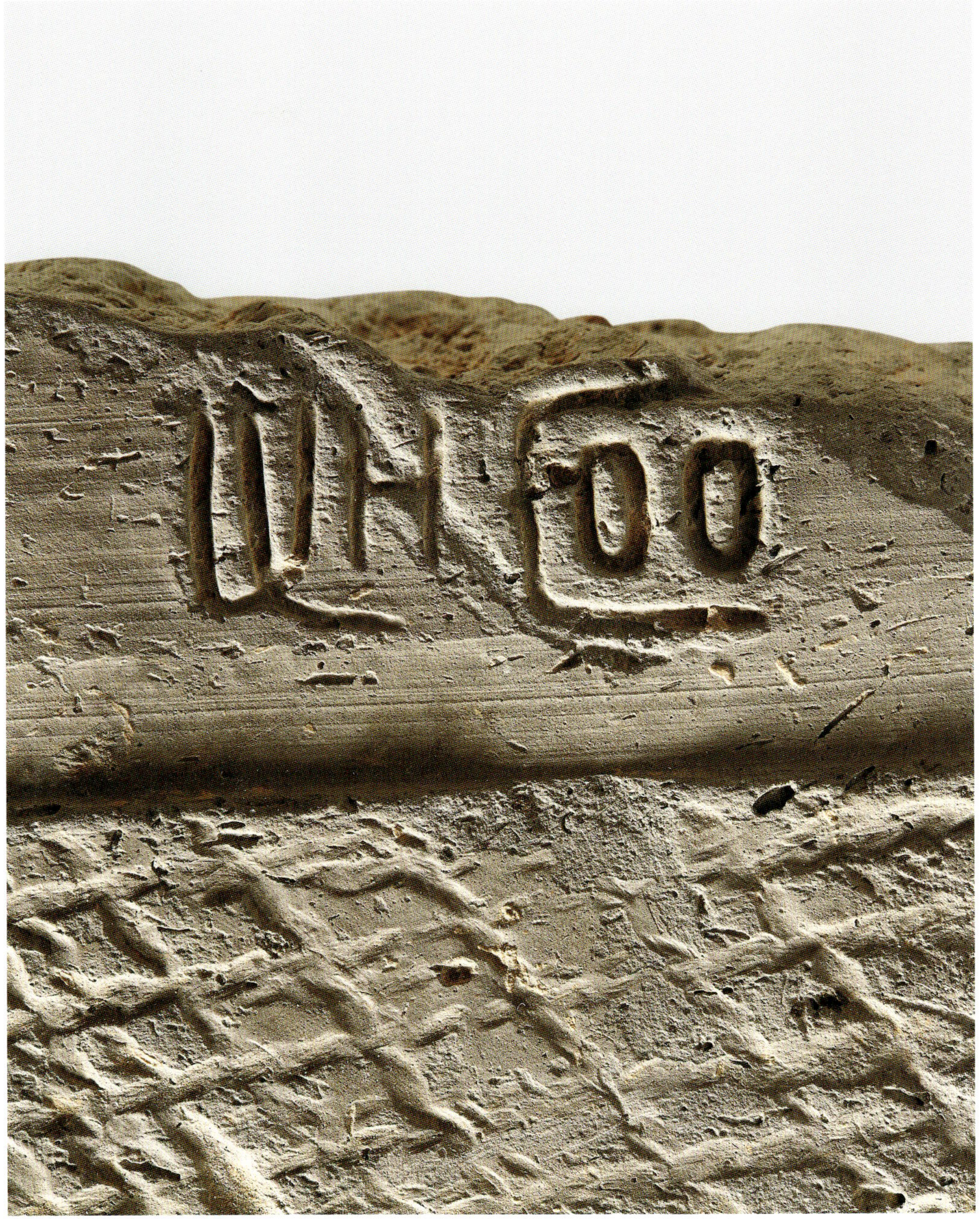

046

2

左□

2018XSXH55:17
残长1.5厘米、宽1.2厘米

左□

2018XSXJ15:11
残长1.3厘米、残宽1.2厘米

左□

2019XSXTG28②:2
残长1.0厘米、残宽1.0厘米

049

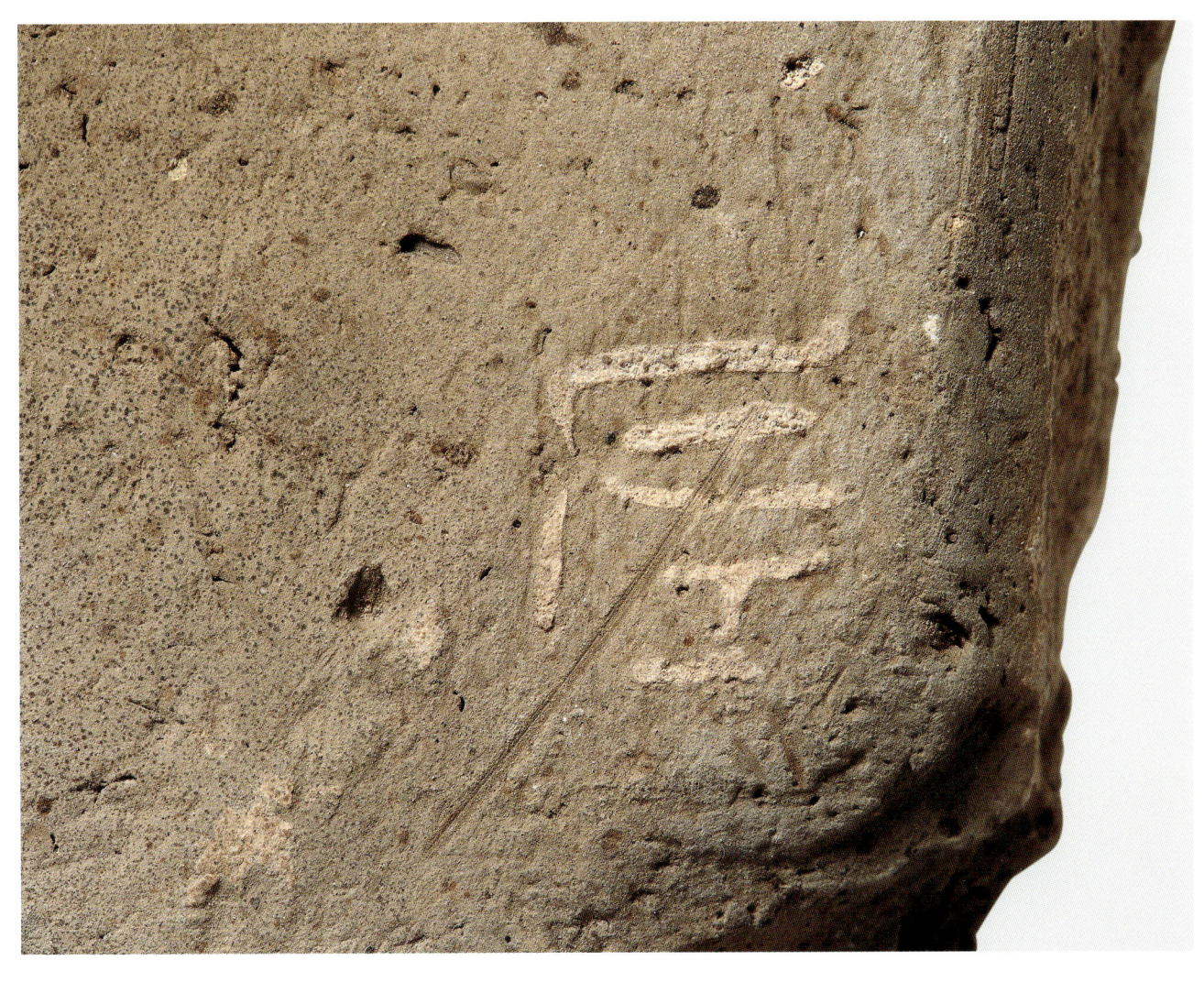

3
右宫

2018XSXJ16:32
长2.8厘米、宽1.4厘米

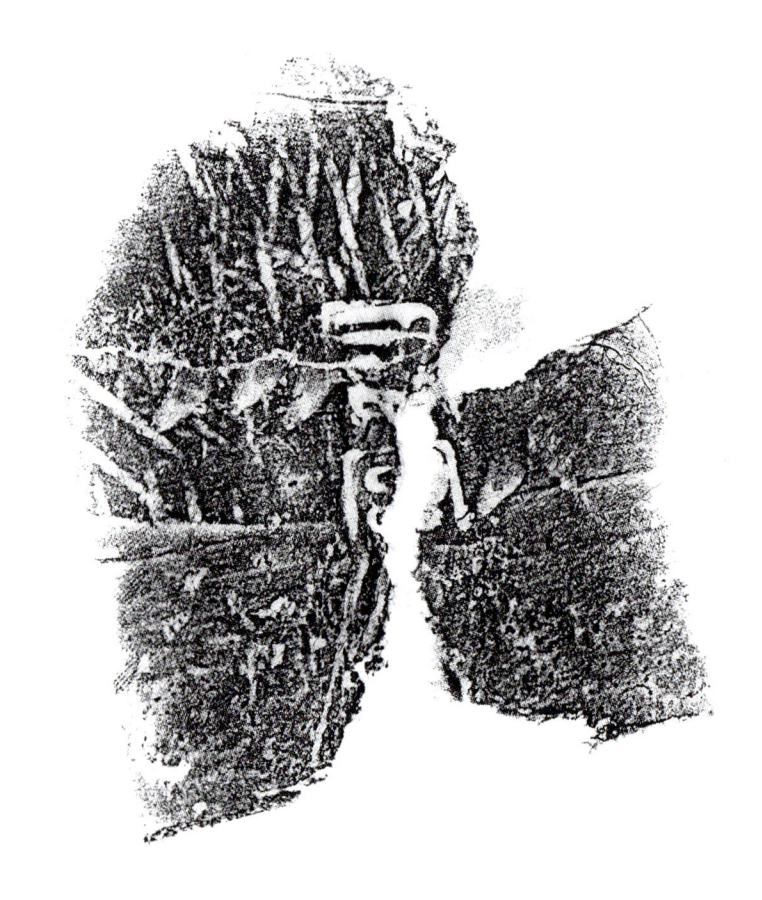

右宫

2019XSXT18J30:5
长2.7厘米、宽1.5厘米

051

右宫

2019XSXT20④:5
长2.6厘米、宽1.2厘米

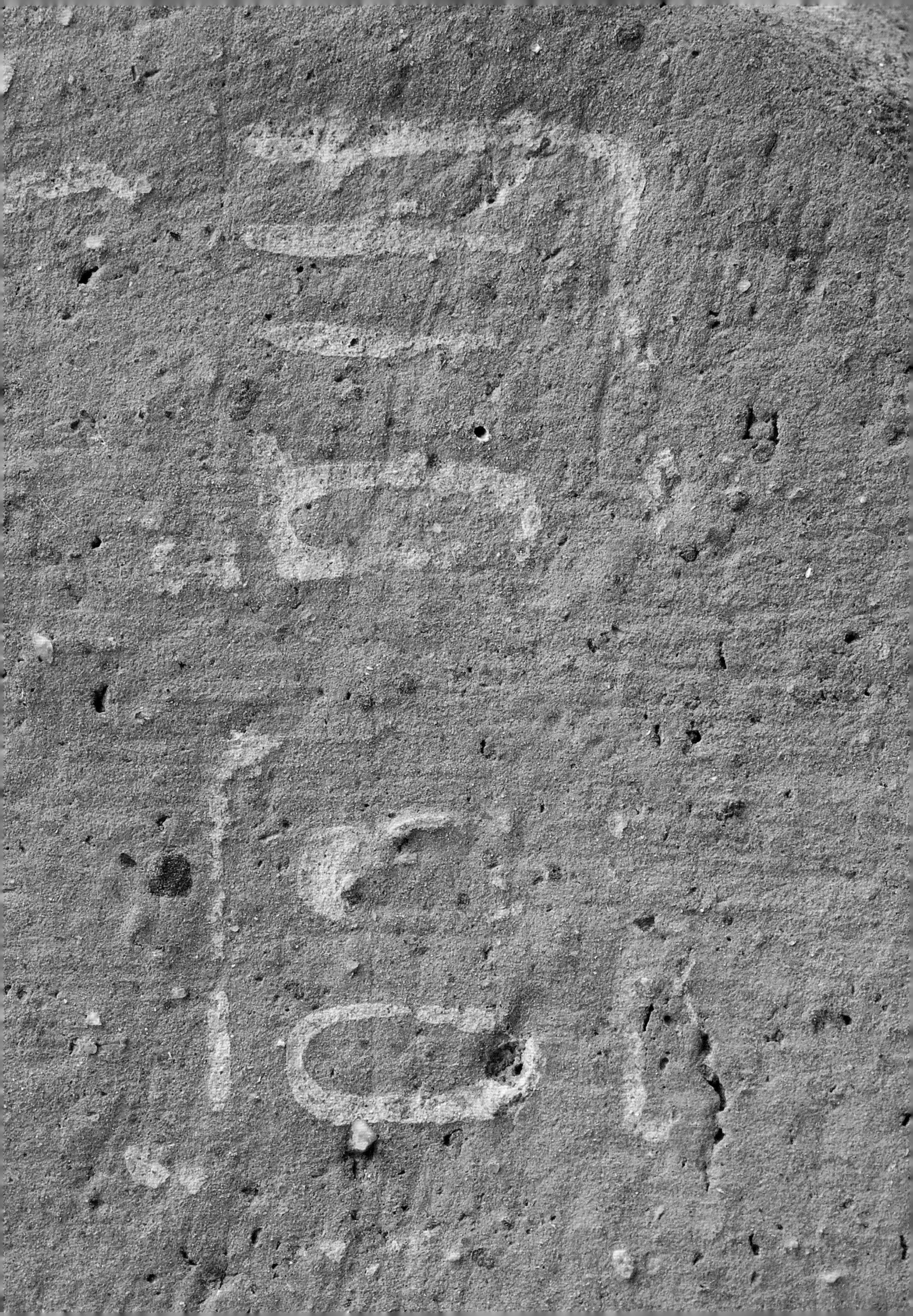

054

右宫

2019XSXTG37H145:1
长2.7厘米、宽1.4厘米

055

右宫

2019XSXTG28H160:1
长2.5厘米、宽1.4厘米

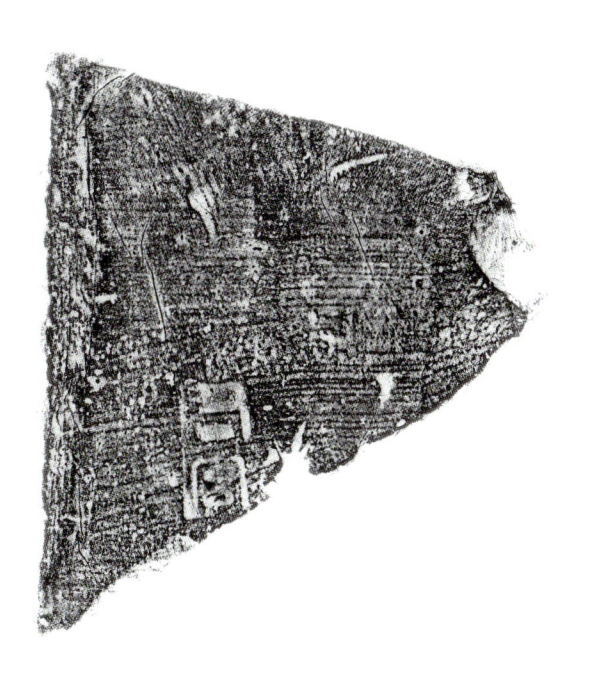

右宫

2019XSXTG28H160:2
长2.8厘米、宽1.5厘米

右宮

2019XSXTG28H160：3
长2.8厘米、宽1.5厘米

右宫

2019XSXTG28H118:1
长2.9厘米、宽1.7厘米

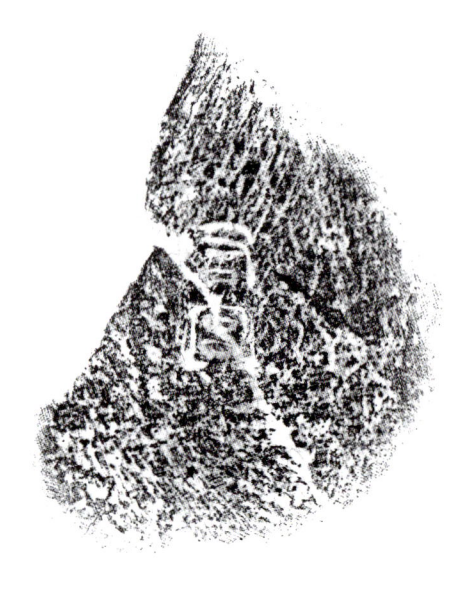

右宮

2019XSXTG31H182:1
长2.7厘米、宽1.3厘米

右宫

2019XSXTG32H164:2
长2.9厘米、宽1.6厘米

右宫

2019XSXTG32③:1
长2.7厘米、宽1.2厘米

右宫

2019XSXTG34H184:2
长2.6厘米、宽1.3厘米

右宫

2019XSXT25H101:23
长2.3厘米、宽1.4厘米

065

右宫

2018XSⅩ解剖沟9②b:7
长2.4厘米、残宽0.8厘米

067

右宫

2018XSX解剖沟22①:9
长2.9厘米、宽1.3厘米

690

右宫

2018XSXJ11:20
长2.7厘米、宽1.1厘米

071

右宫

2018XSXJ22:3
长2.6厘米、宽1.2厘米

073

074

右宫

2018XSⅩH65：80
长2.6厘米、宽1.2厘米

右宫

2018XSⅩH65∶84

长2.5厘米、宽1.2厘米

右宫

2018XSXH71:4
长2.9厘米、宽1.5厘米

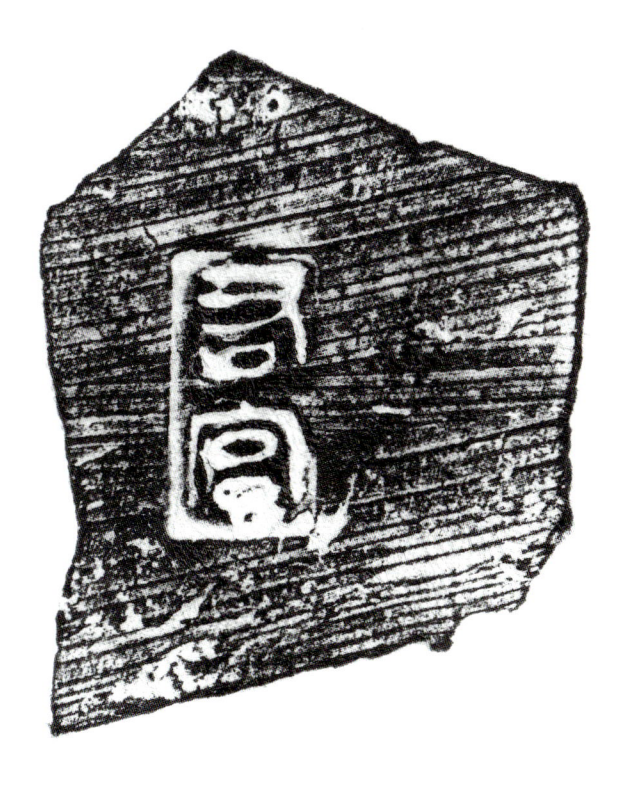

右宫

2018XSX①:14

长3.0厘米、宽1.6厘米

右宫

2018XSXH55:25
长2.5厘米、宽1.5厘米

右宫

2018XSXH60:9
长2.8厘米、宽1.6厘米

右宫

2018XSⅩH55:15
长2.8厘米、宽1.1厘米

右宫

2018XSXH55:18
长2.7厘米、残宽1.4厘米

右宫

2018XSXH58:10
长2.7厘米、宽1.3厘米

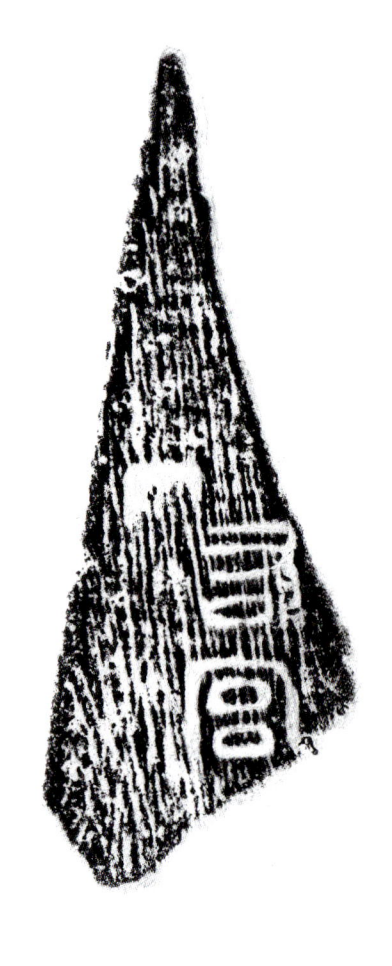

右宫

2018XSXH58:11
残长2.6厘米、宽1.2厘米

右宫

2018XSXH55:20
长2.5厘米、宽1.1厘米

右宫

2018XSXH55:21
长2.8厘米、宽1.3厘米

右宫

2018XS X H57:16
长2.7厘米、宽1.4厘米

087

右宫

2018XSX解剖沟9②b:1
长2.3厘米、宽1.1厘米

089

右宫

2018XSXH52:5
长2.7厘米、宽1.3厘米

091

右宫

2018XSXH52:7
长2.3厘米、宽1.0厘米

093

右宫

2018XSXH65:79
长2.5厘米、宽1.1厘米

右宫

2018XSXH57:15
长2.8厘米、宽1.3厘米

右宫

2018XSXJ7:7
长2.5厘米、宽1.1厘米

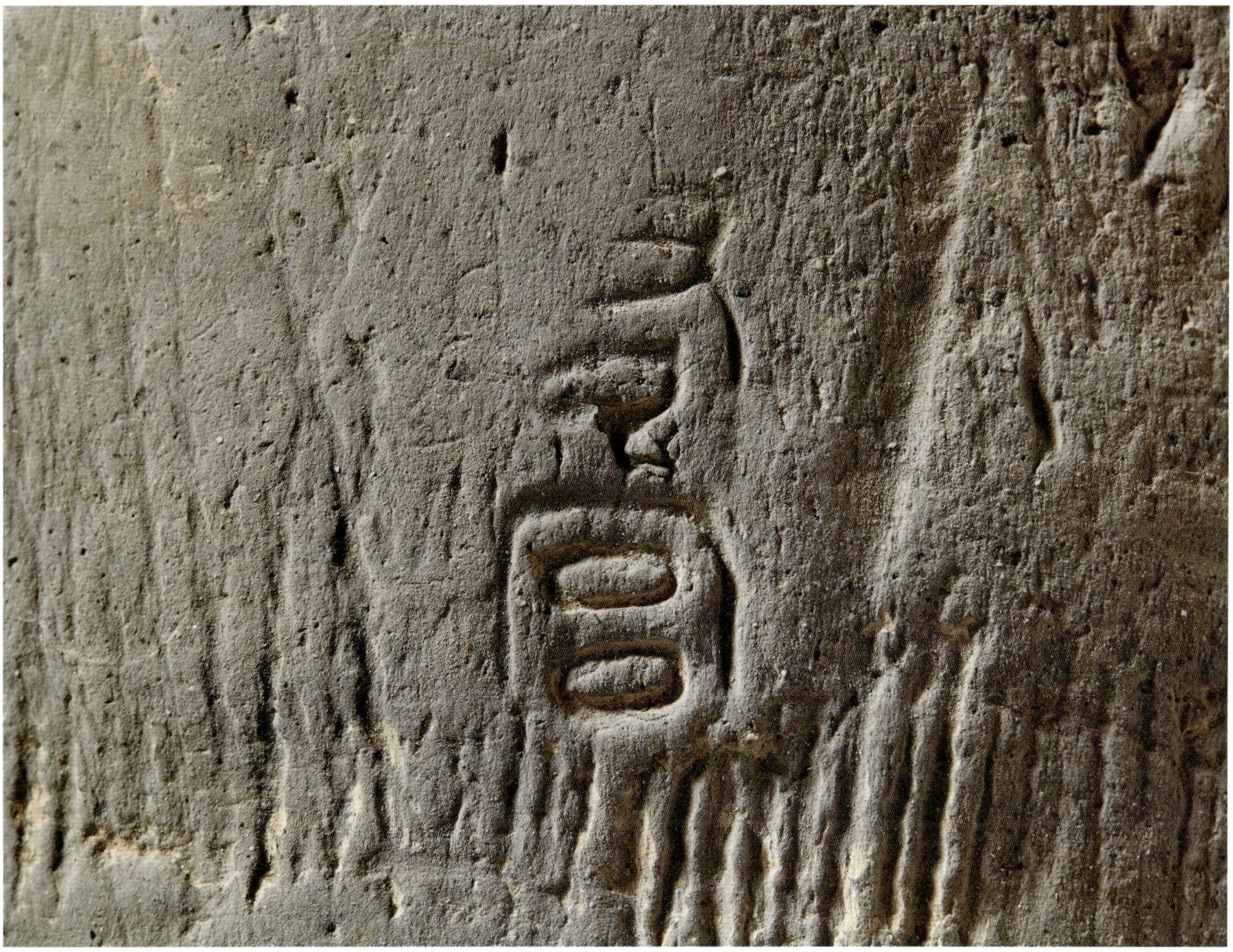

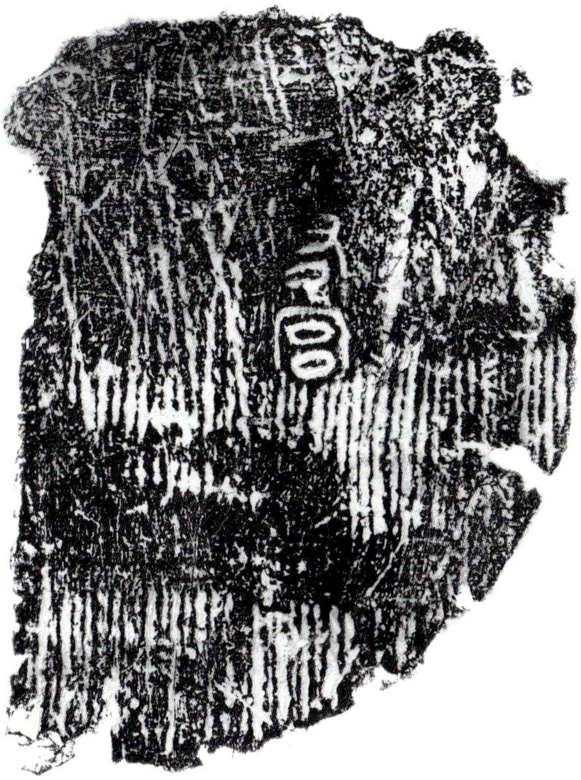

右宫

2018XSⅩH55:8
长3.0厘米、宽1.4厘米

660

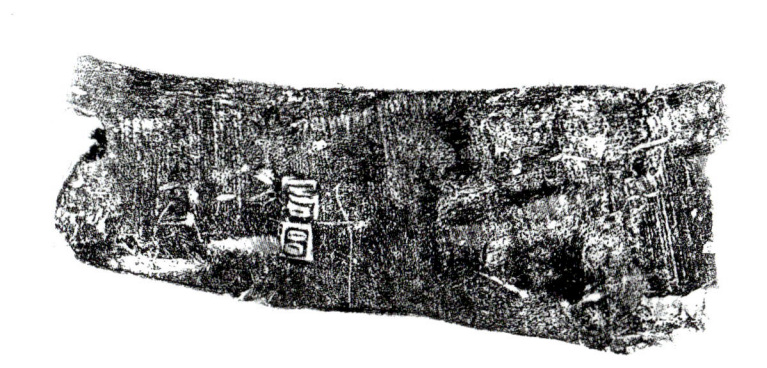

右宫

2018XS X H65∶83
长2.6厘米、宽1.0厘米

右宫

2018XSXH55:7

长2.7厘米、宽1.1厘米

右宮

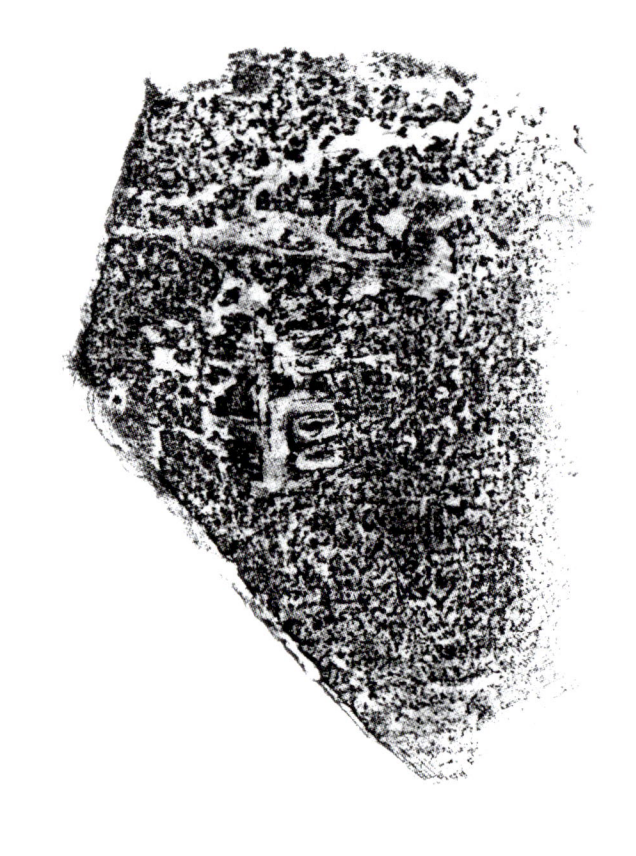

2019XSXTG37夯土:1
长2.4厘米、宽1.1厘米

右宫

2018XSXH55:19
长2.8厘米、宽1.4厘米

4

右□

2019XSXTG27夯土:4
残长2.2厘米、宽1.3厘米

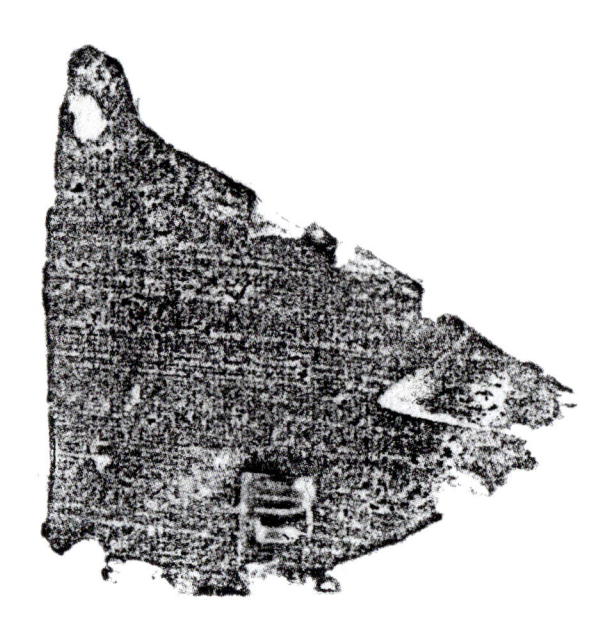

5
□宫

2018XSXJ15:12
残长1.1厘米、宽0.8厘米

□宫

2018XSXH55:23
残长1.9厘米、宽1.4厘米

□宫

2018XSⅩH65:82
残长1.7厘米、宽1.5厘米

6

宫尹

2018XSXJ20:5
长2.3厘米、宽1.3厘米

7
宮卯

2018XSXH59①:17

残长1.9厘米、宽1.2厘米

8
宫子

2019XSXTG37H145∶4
长1.7厘米、宽1.1厘米

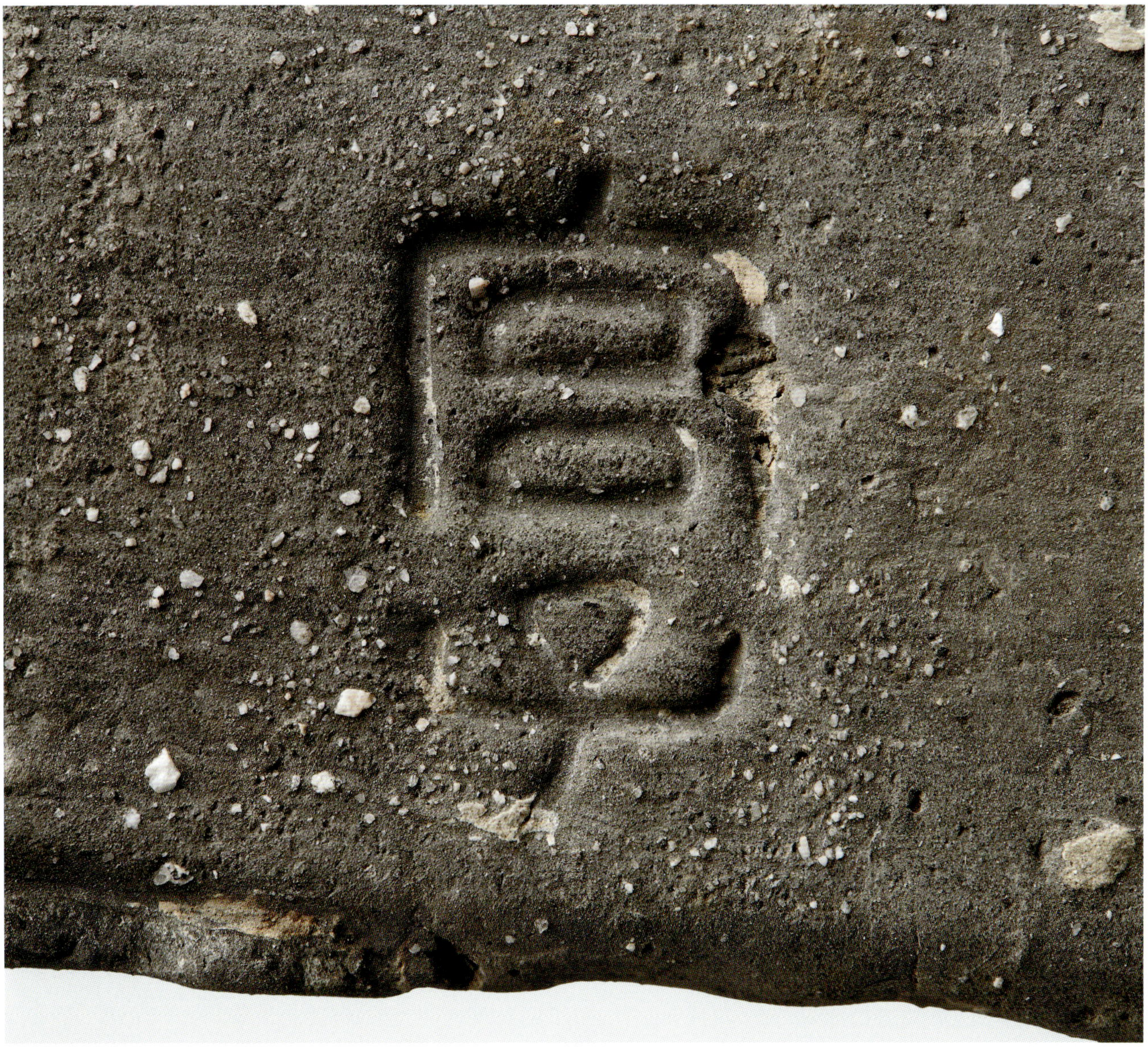

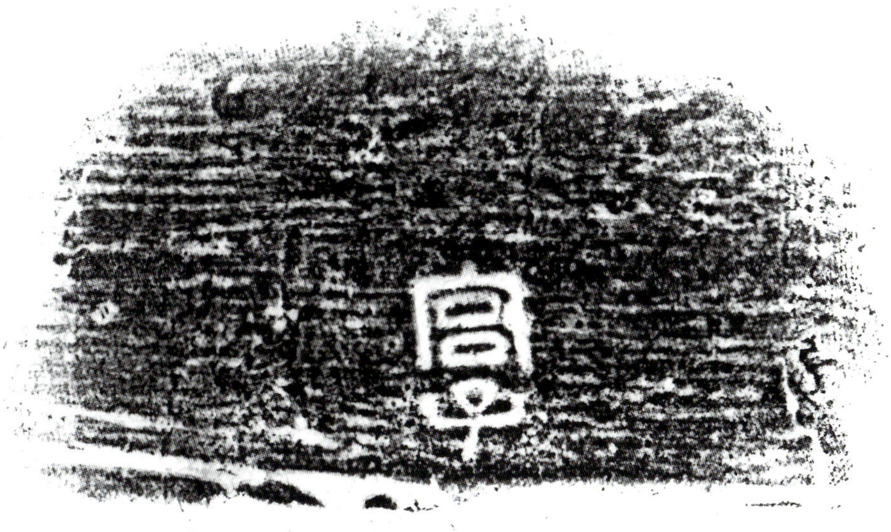

宫子

2018XSⅩH59①:42
长1.9厘米、宽1.1厘米

113

9

宫甲

2018XSXJ11:26
残长1.8厘米、宽1.2厘米

10
宫□

2018XSX解剖沟9②b:4
残长1.7厘米、宽1.5厘米

11
大匠

2019XSXT21④:5
长2.2厘米、宽1.5厘米

大匠

2018XSXH60:43
长1.4厘米、宽1.0厘米

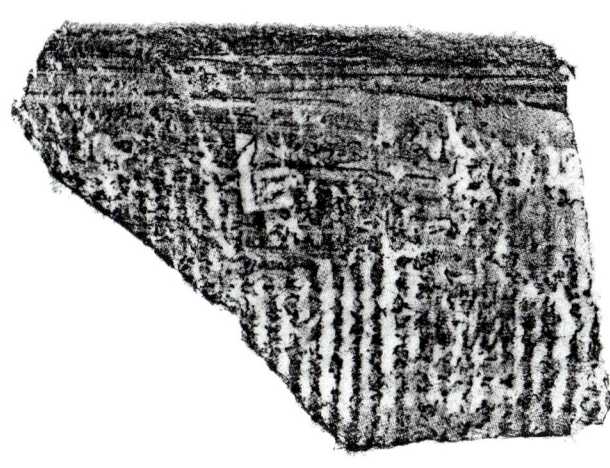

大匠

2018XSXH52:22
长1.5厘米、宽1.1厘米

大匠

2018XSXJ16:26
长1.4厘米、宽0.9厘米

大匠

2018XSXJ18:32
长1.8厘米、宽1.5厘米

大匠

2018XSXJ18:33
长1.6厘米、宽1.0厘米

大匠

2018XSXJ18:35
长1.9厘米、宽1.5厘米

大匠

2018XSXJ18:36
长1.9厘米、宽1.4厘米

大匠

2018XSXJ18:37
长1.9厘米、宽1.5厘米

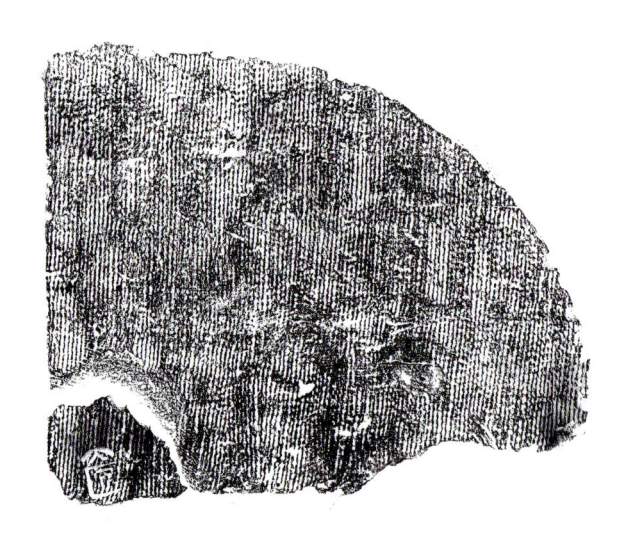

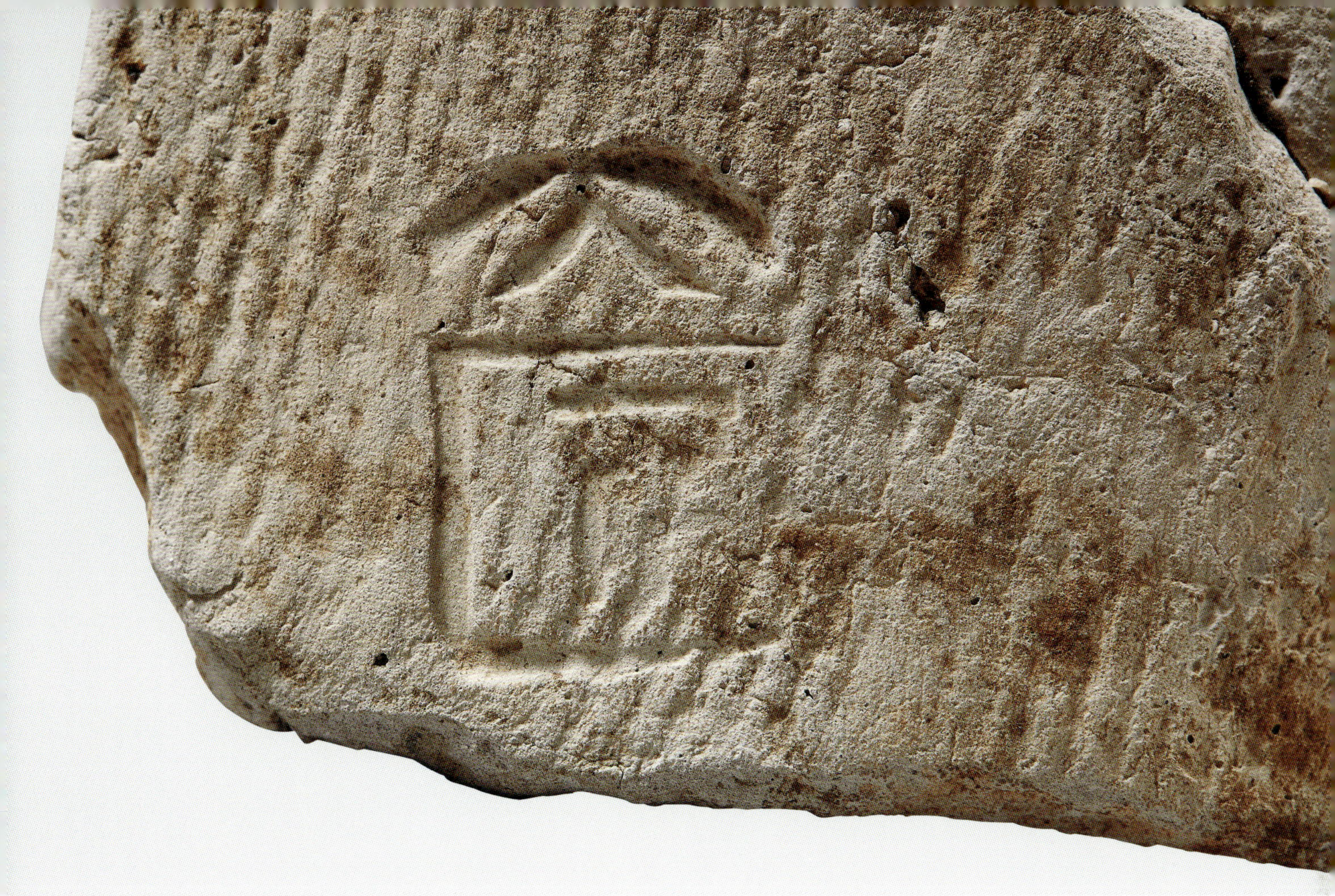

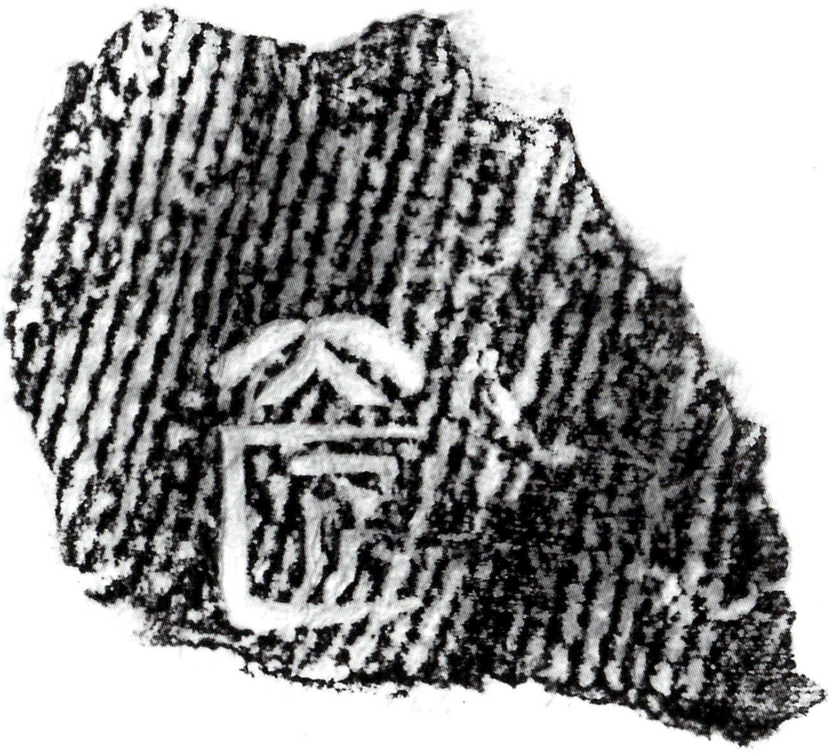

大匠

2018XSXJ18:38
残长1.6厘米、宽1.2厘米

大匠

2018XSXJ18:39

长1.7厘米、宽1.2厘米

大匠

2018XSXJ18:61
长1.8厘米、宽1.2厘米

129

大匠

2018XSXJ20:26
长1.8厘米、宽1.1厘米

大匠

2018XSXJ18:13
长1.9厘米、宽1.6厘米

大匠

2012XSX采:23
长2.3厘米、宽1.2厘米

133

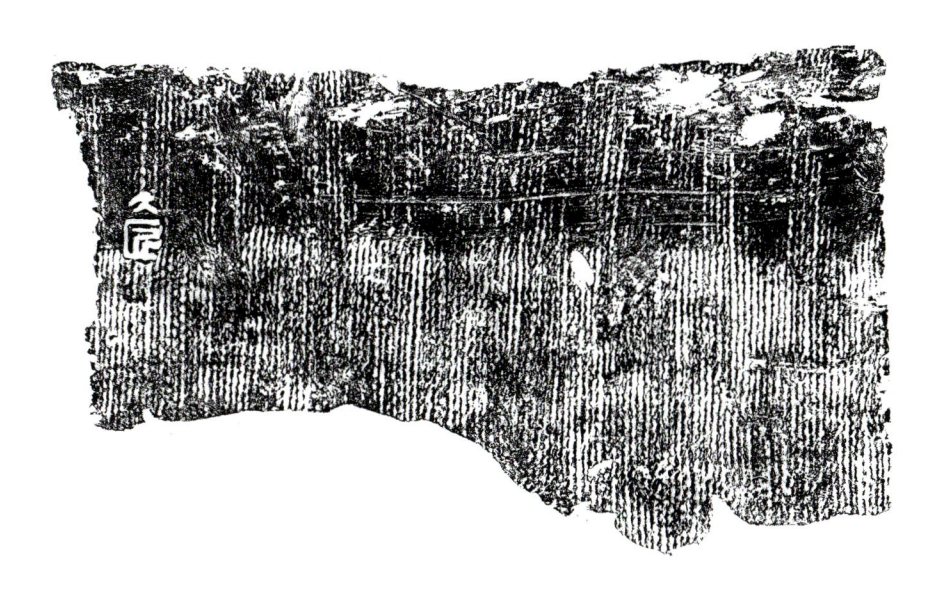

囙匠

2018XSXJ18:34
长1.2厘米、宽1.1厘米

12
雋亭

2019XS X T19H87:1
残长2.7厘米、宽2.3厘米

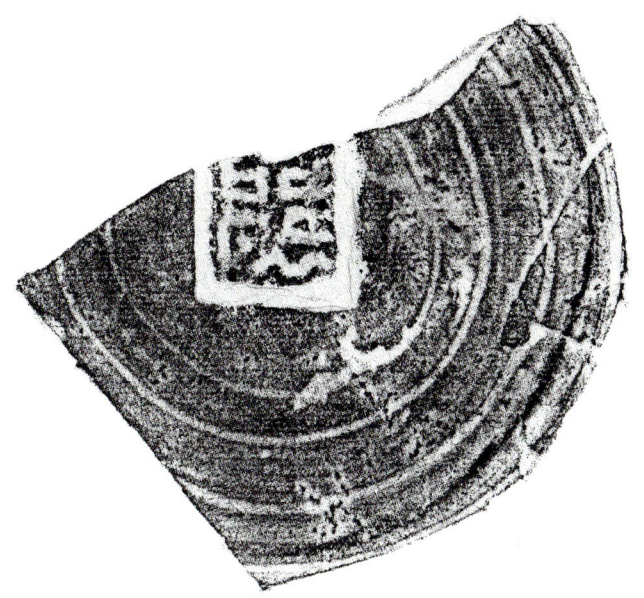

13

吕未

2018XSⅩJ18:15
长2.4厘米、宽1.8厘米

137

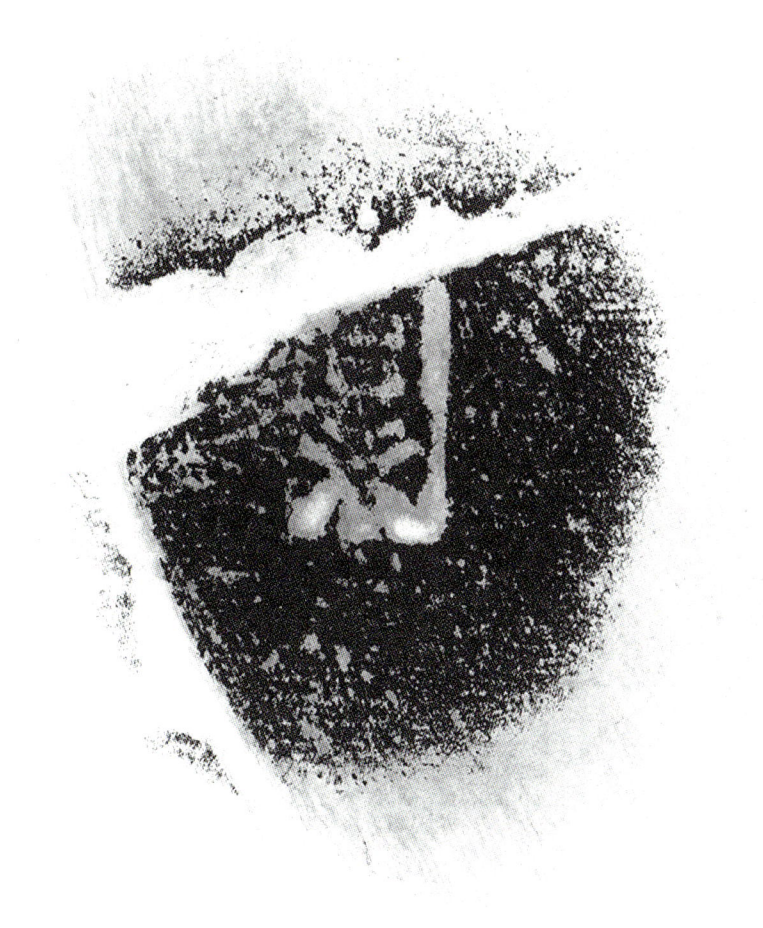

14
□□

2018XSⅩH55:14
残长2.2厘米、残宽1.4厘米

□□

2018XSXH8:39
长1.6厘米、宽1.1厘米

□□

2018XSXJ18:25
残长1.1厘米、宽0.9厘米

□□

2018XSXT1③:26
残长1.4厘米、宽1.3厘米

三字

大匠乙

2018XSXJ16:25
长2.4厘米、宽1.1厘米

143

四字

□圣□瓦

2018XSX①:11
残长2.6厘米、宽2.3厘米

其他

戳印符号

2018XSXJ18:1
蘑菇形：长2.9厘米、宽1.9厘米
长方形：长5.1厘米、宽1.6厘米

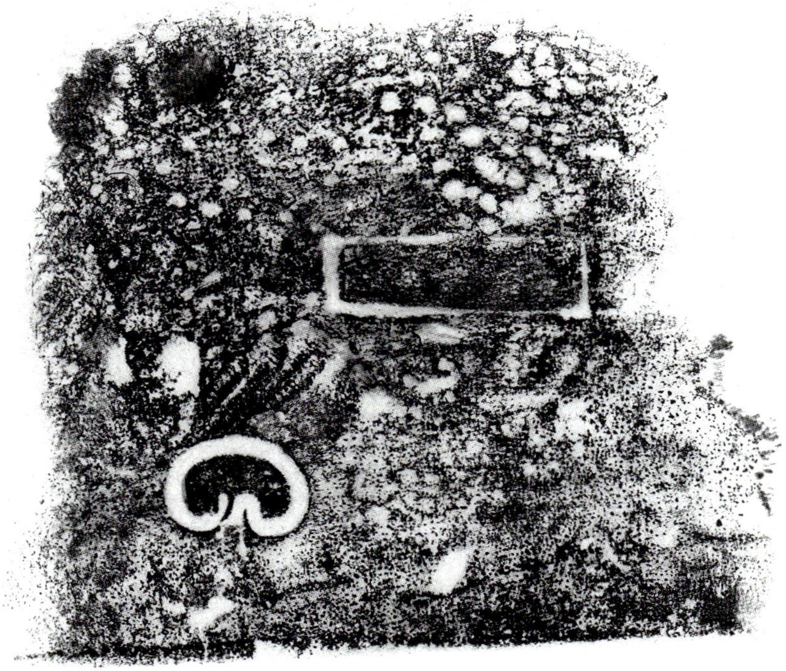

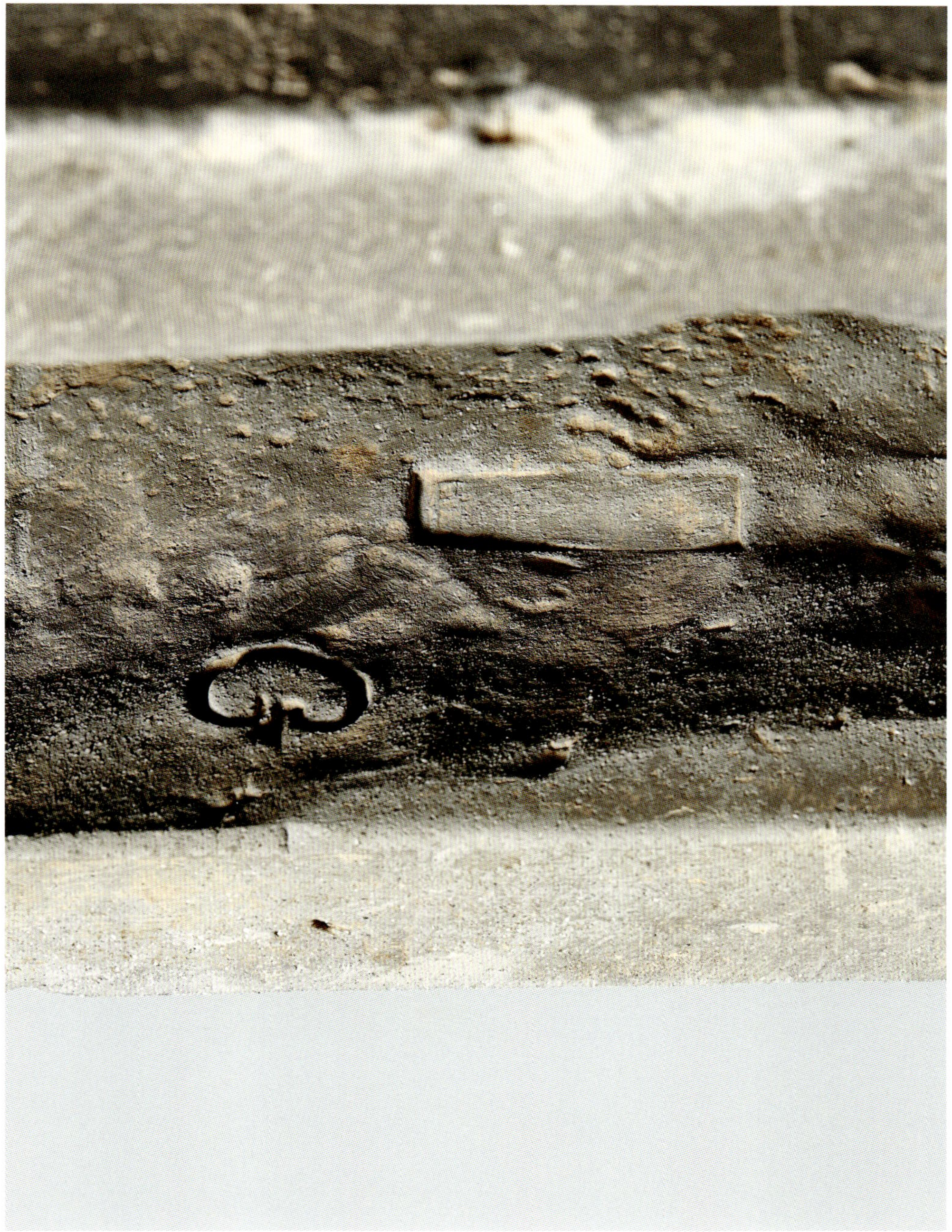

瀍丘陶文登记表

类型	字数	释文	编号	形状	保存情况	规格	释文说明
刻划陶文		五	2018XSⅩJ16：32	其他	清晰	长4.1厘米、宽3.5厘米	
		廿	2018XSⅩJ1：10	其他	清晰	长7.5厘米、宽6.2厘米	
		王	2018XSⅩJ22：4	其他	清晰	长5.4厘米、宽5.5厘米	
		瀍丘 公	2018XSⅩJ12：3	其他	清晰	瀍丘：长4.9厘米、宽1.8厘米 公：长2.6厘米、宽2.4厘米	
		斗六升	2018XSⅩH59②：2	其他	清晰	斗六：长3.5厘米、宽1.8厘米 升：长2.0厘米、宽1.9厘米	
		□	2018XSⅩJ10：4-2	其他	清晰	长7.6厘米、残宽5.0厘米	
		□	2018XSⅩJ10：4-3	其他	清晰	残长5.3厘米、残宽4.4厘米	
			2018XSⅩH55：5	长方形	模糊	长1.4厘米、宽1.2厘米	
戳印陶文	一字	左	2018XSⅩH1：24	方形	清晰	长1.2厘米、宽1.0厘米	
		泉	2018XSⅩJ20：27	其他	清晰	长2.0厘米、宽1.4厘米	
		□	2019XSⅩT25H101：28	方形	模糊	长4.6厘米、宽4.3厘米	
	二字	左宫	2019XSⅩTG28①：2	长方形	清晰	长2.9厘米、宽1.4厘米	
			2019XSⅩTG32H164：1	长方形	模糊	长2.7厘米、宽1.3厘米	
			2019XSⅩTG36夯土：1	长方形	清晰	残长2.4厘米、宽1.2厘米	
			2018XSⅩJ23：6	长方形	模糊	长2.9厘米、宽1.4厘米	
			2018XSⅩJ23：7	长方形	模糊	长2.7厘米、宽1.5厘米	
			2018XSⅩH68：4	长方形	模糊	长2.3厘米、宽0.8厘米	

			2018XS X H55∶34	长方形	模糊	长 2.4 厘米、宽 0.5 厘米	
			2018XS X H48∶7	长方形	清晰	长 2.7 厘米、残宽 1.0 厘米	
			2018XS X J18∶3	长方形	模糊	左宫（第33页上）长 2.5 厘米、宽 1.1 厘米 左宫（第33页下）长 2.7 厘米、宽 1.0 厘米	
			2018XS X J16∶31	长方形	清晰	长 2.6 厘米、宽 1.1 厘米	
			2018XS X J14∶11	长方形	清晰	长 3.0 厘米、宽 1.5 厘米	
			2018XS X J11∶28	长方形	模糊	长 2.4 厘米、宽 1.3 厘米	
			2018XS X H55∶16	长方形	模糊	长 2.7 厘米、宽 1.0 厘米	
			2018XS X H55∶24	长方形	模糊	长 2.2 厘米、宽 1.1 厘米	
			2018XS X T0625②∶1	长方形	模糊	长 2.7 厘米、宽 1.1 厘米	
			2018XS X J22∶1	长方形	清晰	长 2.5 厘米、宽 1.1 厘米	
			2018XS X H65∶81	长方形	模糊	长 2.6 厘米、宽 1.2 厘米	
			2018XS X J11∶27	长方形	清晰	长 2.5 厘米、宽 1.3 厘米	
		左□	2018XS X H55∶17	长方形	清晰	残长 1.5 厘米、宽 1.2 厘米	
			2018XS X J15∶11	方形	清晰	残长 1.3 厘米、残宽 1.2 厘米	
			2019XS X TG28②∶2	方形	模糊	残长 1.0 厘米、残宽 1.0 厘米	
		右宫	2018XS X J16∶32	长方形	模糊	长 2.8 厘米、宽 1.4 厘米	
			2019XS X T18J30∶5	长方形	清晰	长 2.7 厘米、宽 1.5 厘米	
			2019XS X T20④∶5	长方形	模糊	长 2.6 厘米、宽 1.2 厘米	
			2019XS X TG37H145∶1	长方形	模糊	长 2.7 厘米、宽 1.4 厘米	
			2019XS X TG28H160∶1	长方形	清晰	长 2.5 厘米、宽 1.4 厘米	
			2019XS X TG28H160∶2	长方形	模糊	长 2.8 厘米、宽 1.5 厘米	
			2019XS X TG28H160∶3	长方形	模糊	长 2.8 厘米、宽 1.5 厘米	
			2019XS X TG28H118∶1	长方形	模糊	长 2.9 厘米、宽 1.7 厘米	

				标本号	形状	纹饰	尺寸	
				2019XS X TG31H182∶1	长方形	模糊	长 2.7 厘米、宽 1.3 厘米	
				2019XS X TG32H164∶2	长方形	模糊	长 2.9 厘米、宽 1.6 厘米	
				2019XS X TG32③∶1	长方形	清晰	长 2.7 厘米、宽 1.2 厘米	
				2019XS X TG34H184∶2	长方形	模糊	长 2.6 厘米、宽 1.3 厘米	
				2019XS X T25H101∶23	长方形	模糊	长 2.3 厘米、宽 1.4 厘米	
				2018XS X 解剖沟 9②b∶7	长方形	清晰	长 2.4 厘米、残宽 0.8 厘米	
				2018XS X 解剖沟 22①∶9	长方形	清晰	长 2.9 厘米、宽 1.3 厘米	
				2018XS X J11∶20	长方形	模糊	长 2.7 厘米、宽 1.1 厘米	
				2018XS X J22∶3	长方形	模糊	长 2.6 厘米、宽 1.2 厘米	
				2018XS X H65∶80	长方形	模糊	长 2.6 厘米、宽 1.2 厘米	
				2018XS X H65∶84	长方形	清晰	长 2.5 厘米、宽 1.2 厘米	
				2018XS X H71∶4	长方形	清晰	长 2.9 厘米、宽 1.5 厘米	
				2018XS X①∶14	长方形	清晰	长 3.0 厘米、宽 1.6 厘米	
				2018XS X H55∶25	长方形	清晰	长 2.5 厘米、宽 1.5 厘米	
				2018XS X H60∶9	长方形	清晰	长 2.8 厘米、宽 1.6 厘米	
				2018XS X H55∶15	长方形	清晰	长 2.8 厘米、宽 1.1 厘米	
				2018XS X H55∶18	长方形	模糊	长 2.7 厘米、残宽 1.4 厘米	
				2018XS X H58∶10	长方形	清晰	长 2.7 厘米、宽 1.3 厘米	
				2018XS X H58∶11	长方形	清晰	残长 2.6 厘米、宽 1.2 厘米	
				2018XS X H55∶20	长方形	模糊	长 2.5 厘米、宽 1.1 厘米	
				2018XS X H55∶21	长方形	模糊	长 2.8 厘米、宽 1.3 厘米	
				2018XS X H57∶16	长方形	清晰	长 2.7 厘米、宽 1.4 厘米	
				2018XS X 解剖沟 9②b∶1	长方形	模糊	长 2.3 厘米、宽 1.1 厘米	
				2018XS X H52∶5	长方形	清晰	长 2.7 厘米、宽 1.3 厘米	
				2018XS X H52∶7	长方形	模糊	长 2.3 厘米、宽 1.0 厘米	

			2018XS X H65：79	长方形	模糊	长 2.5 厘米、宽 1.1 厘米	
			2018XS X H57：15	长方形	模糊	长 2.8 厘米、宽 1.3 厘米	
			2018XS X J7：7	长方形	模糊	长 2.5 厘米、宽 1.1 厘米	
			2018XS X H55：8	长方形	清晰	长 3.0 厘米、宽 1.4 厘米	
			2018XS X H65：83	长方形	模糊	长 2.6 厘米、宽 1.0 厘米	
			2018XS X H55：7	长方形	清晰	长 2.7 厘米、宽 1.1 厘米	
			2019XS X TG37 夯土：1	长方形	模糊	长 2.4 厘米、宽 1.1 厘米	
			2018XS X H55：19	方形	清晰	长 2.8 厘米、宽 1.4 厘米	
		右□	2019XS X TG27 夯土：4	长方形	模糊	残长 2.2 厘米、宽 1.3 厘米	
		□宫	2018XS X J15：12	方形	清晰	残长 1.1 厘米、宽 0.8 厘米	
			2018XS X H55：23	长方形	清晰	残长 1.9 厘米、宽 1.4 厘米	
			2018XS X H65：82	方形	模糊	残长 1.7 厘米、宽 1.5 厘米	
		宫尹	2018XS X J20：5	长方形	清晰	长 2.3 厘米、宽 1.3 厘米	
		宫卯	2018XS X H59①：17	长方形	清晰	残长 1.9 厘米、宽 1.2 厘米	
		宫子	2019XS X TG37H145：4	长方形	清晰	长 1.7 厘米、宽 1.1 厘米	
			2018XS X H59①：42	长方形	清晰	长 1.9 厘米、宽 1.1 厘米	
		宫甲	2018XS X J11：26	长方形	清晰	残长 1.8 厘米、宽 1.2 厘米	
		宫□	2018XS X 解剖沟 9②b：4	方形	模糊	残长 1.7 厘米、宽 1.5 厘米	
		大匠	2019XS X T21④：5	长方形	模糊	长 2.2 厘米、宽 1.5 厘米	
			2018XS X H60：43	长方形	模糊	长 1.4 厘米、宽 1.0 厘米	
			2018XS X H52：22	长方形	清晰	长 1.5 厘米、宽 1.1 厘米	
			2018XS X J16：26	长方形	模糊	长 1.4 厘米、宽 0.9 厘米	
			2018XS X J18：32	长方形	模糊	长 1.8 厘米、宽 1.5 厘米	
			2018XS X J18：33	长方形	模糊	长 1.6 厘米、宽 1.0 厘米	
			2018XS X J18：35	长方形	模糊	长 1.9 厘米、宽 1.5 厘米	

			2018XSⅩJ18:36	长方形	模糊	长 1.9 厘米、宽 1.4 厘米	
			2018XSⅩJ18:37	长方形	模糊	长 1.9 厘米、宽 1.5 厘米	
			2018XSⅩJ18:38	长方形	模糊	残长 1.6 厘米、宽 1.2 厘米	
			2018XSⅩJ18:39	长方形	清晰	长 1.7 厘米、宽 1.2 厘米	
			2018XSⅩJ18:61	长方形	模糊	长 1.8 厘米、宽 1.2 厘米	
			2018XSⅩJ20:26	长方形	模糊	长 1.8 厘米、宽 1.1 厘米	
			2018XSⅩJ18:13	长方形	清晰	长 1.9 厘米、宽 1.6 厘米	
			2012XSⅩ采:23	长方形	清晰	长 2.3 厘米、宽 1.2 厘米	
			2018XSⅩJ18:34	方形	模糊	长 1.2 厘米、宽 1.1 厘米	"大"字残
		巂亭	2019XSⅩT19H87:1	方形	模糊	残长 2.7 厘米、宽 2.3 厘米	
		吕未	2018XSⅩJ18:15	长方形	模糊	长 2.4 厘米、宽 1.8 厘米	
		□□	2018XSⅩH55:14	长方形	模糊	残长 2.2 厘米、残宽 1.4 厘米	
			2018XSⅩH8:39	长方形	模糊	长 1.6 厘米、宽 1.1 厘米	
			2018XSⅩJ18:25	方形	模糊	残长 1.1 厘米、宽 0.9 厘米	
			2018XSⅩT1③:26	方形	模糊	残长 1.4 厘米、宽 1.3 厘米	
	三字	大匠乙	2018XSⅩJ16:25	长方形	清晰	长 2.4 厘米、宽 1.1 厘米	
	四字	□圣□瓦	2018XSⅩ①:11	长方形	模糊	残长 2.6 厘米、宽 2.3 厘米	
其他			2018XSⅩJ18:1	其他	清晰	蘑菇形：长 2.9 厘米、宽 1.9 厘米 长方形：长 5.1 厘米、宽 1.6 厘米	戳印符号

后 记

2011—2012年，中国社会科学院考古研究所与西安市文物保护考古研究院联合组成的阿房宫与上林苑考古队，对位于沣西新城的东马坊遗址进行考古调查。在2012年春的调查中，有着丰富工作经验的李毓芳先生，从西马坊村民家中征集到带有"大匠"陶文的带瓦当筒瓦。这一枚"大匠"陶文不仅是东马坊遗址陶文的首次发现，而且让我们迅速得以确定该遗址的重要性不容忽视。

2018年，计划中的秦皇大道建设将从现存夯土台基的西侧经过，西安市文物保护考古研究院在对建设区域开展考古勘探后，确定有较多重要遗存分布。考虑到紧邻道路建设区域的东侧夯土台基是秦汉上林苑中少有的建筑台基，西安市文物保护考古研究院冯健院长将配合道路建设的"任务"交给了阿房宫与上林苑考古队，以保证秦汉上林苑考古工作的连续与完整。

得益于新时代以来文物保护事业的迅速发展，沣西新城领导对遗址考古发现高度重视，不仅及时调整了道路建设方案保护遗址，而且还支持考古队以现存夯土台基为中心展开大面积考古勘探，遗址面貌在较短的时间内得以基本清晰，成为2019年10月国务院将东马坊遗址从"不可移动文物点"直接公布为第八批全国重点文物保护单位的核心资料，遗址得到完整保护。

考虑到考古资料的整理需要一个较长时间，考古队商定在正式发掘报告出版前，先把遗址最具特点的陶文和瓦当整理出来，分别出版《灈丘陶文》《灈丘瓦当》，以供关心遗址的学界同仁研究。

东马坊遗址出土陶文在内各项考古资料的整理工作从2020年初开始，但受"新冠"疫情影响，和考古队各项工作的"错峰"，出版工作略有延宕。2020年在将所有陶片清洗、拼对、整理后，考古队陆续完成每枚陶文的照相、拓片与测量。2024年春，按之前考古队出版《栎阳陶文》的形式对陶文编排，希望尽可能全面完整公布陶文的所有信息——不管是释读出的陶文，还是模泐不清陶文都一体对待。我们希望通过精美图录的形式，持续把各遗址出土陶文的细节公布出来。

灈丘陶文的收集和整理是考古队集体成果，刘瑞、李毓芳、张翔宇共同完成本书的总体设计，刘瑞编写了前言，刘云起承担了陶文整理的大部分工作，对前言的编写也做出较大贡献。

感谢国家文物局、陕西省文物局、西安市文物局长期以来对阿房宫与上林苑考古队各项工作的大力支持，感谢为东马坊遗址考古工作提供大力支持的时任沣西新城刘宇斌主任，和杨建柱、甘旭、万宁、侯方锐、史艳科等各级领导。

感谢中国社会科学院考古研究所、西安市文物保护考古研究院各级领导对东马坊遗址考古、资料整理及本书编写工作的大力支持。

感谢刘庆柱先生多年以来对考古队各项工作的一贯支持，感谢复旦大学郭永秉先生对多个释文提出宝贵意见。

2023年3月，参与了全部东马坊遗址考古工作的李毓芳先生离开了我们，离开了曾让她欣喜与欢乐的东马坊遗址，我们感谢她、怀念她……

刘瑞

2024年9月17日中秋

图书在版编目（CIP）数据

瓛丘陶文 / 中国社会科学院考古研究所，西安市文物保护考古研究院编. -- 上海 ：上海书画出版社，2024.12. -- ISBN 978-7-5479-3468-5

I. K877.92

中国国家版本馆CIP数据核字第2024EM3339号

考古学专刊乙种第五十三号

瓛丘陶文

中国社会科学院考古研究所　编
西安市文物保护考古研究院

责任编辑	王　彬　吕　尘　袁　媛
审　　读	雍　琦
技术编辑	包赛明
封面设计	陈绿竞

出版发行	上海世纪出版集团 ⑧ 上海书画出版社
地　　址	上海市闵行区号景路159弄A座4楼
邮　　编	201101
网　　址	www.shshuhua.com
E-mail	shuhua@shshuhua.com
制版印刷	上海雅昌艺术印刷有限公司
开　　本	889×1194　1/16
印　　张	11.5
版　　次	2024年12月第1版　2024年12月第1次印刷
书　　号	ISBN 978-7-5479-3468-5
定　　价	278.00元

若有印刷、装订质量问题，请与承印厂联系